운수 좋은 해

윤미화 수필집
운수 좋은 해

2024년 11월 13일 인쇄
2024년 11월 15일 발행

지은이　윤미화
펴낸이　이병우
펴낸곳　육일문화사
주　소　부산광역시 중구 복병산길6번길 11
전　화　(051)441-5164 팩스 (051)442-6160
이 메 일　book61@hanmail.net
출판등록　제1989-000002호

* 이 책의 저작권은 저자에게 있습니다.
* 서면에 의한 저자의 허락 없이 내용의 일부를 인용하거나 발췌하는 것을 금합니다.
* 잘못된 책은 바꿔 드립니다.

ISBN 979-11-91268-67-6 03810
값 15,000원

한국예술인복지재단
Korean Artists Welfare Foundation

* 본 도서는 한국예술인복지재단
〈창작준비금지원사업-창작디딤돌〉으로
지원을 받았습니다.

윤미화 수필집

윤수 좋은 해

❀ 육일문화사

✾ 작가의 말 | 두 번째 수필집을 내면서

　일기에서 시작한 홀로 글쓰기가 긴긴 세월이었다. 선생님 한 분 만나 문학을 하고 나서도 한참을 지나 첫 인생 수필 한 권, 긴 기다림 끝에 출간했을 때 한 권으로 족하다, 소원을 이루었다 했다.

　꾸역꾸역 살다 보니 내 마음은 주름이 늘어났고 주름 사이로 눌어붙은 '나'라는 존재가 기록하지 않으면 사라진다고 말을 해 온다. 경험은 선생이고 나는 글로 기록하고 글은 인연 되는 날까지는 살아남을 것이다.

　디지털 세상에서도, 느린 걸음은 앞뒤 좌우 하늘을 볼 수 있는 여유를 선물한다. 순리를 따르는 기본 삶의 기록이 종이 냄새가 주는 즐거움과 함께하기를 바라지만 성선설을 주장하는 맹자가 알면 시근머리 없다고 할지도 모르겠다.

2024년
엄청시리 덥고 길었던 여름을 보낸 모라동에서
心泉 윤미화

▫ 작가의 말 | 두 번째 수필집을 내면서

1부

성장의 순간	13
다음 날	16
보이지 않는 끈	19
허리와 뿌리	22
나만 나쁜 사람	25
만난 적 없는 이별	29
시험 통닭	32
생애 처음	35
글 덕 말 짐	38
바다는 그렇게 우리에게 오고	41

2부

기대해도 될까	49
요즘 일기 쓰세요?	52
영화 '파묘'를 보고	55
환승역 차표	59
숨바꼭질	62
딱 맞아 떨어지는 정답	65
나의 놀이터	69
간이역	73
운수 좋은 해	76
사랑의 자판기	80

3부

무덤 친구	85
신의 프로그램	88
딸 귀는 대나무 숲	91
남은 구닥다리	95
조삼모사	99
무드셀라 증후군	102
범방산의 바위들	105
야시 없는 야시곡 공원	111
원홍장 이야기	114
이박 삼일의 사랑	118

4부

뚜벅뚜벅 초량 이바구길	125
부산 영도의 시비詩碑를 찾아서	130
직지사 가는 길	152
대마도 기행	155
독일 문학 기행 스케치	159
괴테 생가	165
미서부 여행 7박 8일	171
오사카 기행	178
전통 민화 명장 인터뷰	185

● 자작 시조 / 194

1부

#디카시

고도를 기다리며

보이는가?
아니
오겠지?
기다려봐야지

- 윤 미 화

성장의 순간

　딸애가 유치원 다닐 때였다. 애가 좀 다쳤다는 연락이 와서 유치원으로 뛰어갔더니 하필이면 입술을 다쳤는데 얼마나 부었는지 얼굴이 달라 보일 정도였다. 이렇게 다친 게 처음이라 너무 놀라서 바로 아이를 데리고 병원으로 갔다. 다치게 한 아이는 신발가게 집 아이였다. 병원에 가서 치료를 하고 시장에 있는 신발가게로 가서 흥분한 상태로 이야기를 한 것 같다. 그 부모도 놀라서 미안하다며 치료비를 주었다. 나는 그 돈을 받아서 집으로 왔다.
　집에 와서 시부모님께 자초지종을 이야기하니 두 분이 아주 놀랍다는 표정을 하신다. "세상에 말도 별로 안 하는 사람이 새끼가 다쳤다고 가서 치료비를 받아오다니. 얼라(아이)들이 놀다가 싸우기도 하고 다치기도 하고 그러는 기지. 그라는 거 아니다. 돈은 갖다 주고 오니라이." 그제야 생각을 해 보니 앞뒤 생각도 않고 다친 내 아이 생각만 했던 모습이 보였다. 그 길로 바로 신발가게로 가서 이런 일로 돈을 받는 게 아닌데 미안하다고 돈을 돌려주었다. 내 맘은 편해졌고 그새 부었던 입술도 많이 가라앉았다. 신발가게 부모와 더 친하게 되었다. 입술은 빨리 낫는다는 것을 그때 알았다. 오래전 일이라 그 돈이 얼마였는지 기억도 안 나지만 올바른 가르침을 주는 어른이 계신 덕택에 바른 인성으로 성장해 온 것 같다.

  살면서 아이들 이야기는 밖에서 잘 하지 않는 편이었다. 평범하게 자라는 아이들이기도 했고 자식 자랑을 은근히 많이 하는 친구들 이야기를 들어보면 할 말이 없기도 했다. 좋은 일도 사흘이고 나쁜 일도 금방 지나간다는 어른들 말처럼 인간사 새옹지마려니 올바른 길로 갈 수 있기를 마음속으로 빌기만 하는 엄마였다. 겨우 내가 하는 기도 같은 행동은 아이들 이름을 끝 자만 부르지 않고 두 자 모두 불러 내 나름대로 온전히 사랑하는 마음을 표하는 일이었다. 자식의 이름의 끝 자만 부르는 엄마들을 흔히 보면서 왠지 이름을 반만 부르면 부르는 순간 사랑하는 마음도 반이 될 것 같아 한 번도 한 자만 부른 적이 없다.

  아들이 제대 후 일 년여 영국 유학을 마치고 와서 무역회사에 취업을 했다. 적성에 맞는 일을 찾았고 열심히 다니는 것을 보니 안심이 되었다. 날마다 지하철로 먼 거리인 해운대까지 출퇴근을 했다. 어느 날 아침 출근길에 현실이 만만치 않아 힘들다는 문자를 보내왔다. 그 당시 아들의 친구들은 운전만 하는데도 아들의 몇 배 많은 돈을 번다는 것을 알고 있었다. 업무가 힘들면 비교가 되기도 하겠다는 생각이 들었다. 직장생활이 3개월, 6개월이 고비라는 말이 떠올라 힘을 실어주기 위해 문자를 보냈다.

'네 친구들이 하는 일을 너는 언제든지 할 수 있다. 하지만 네 친구들은 지금 네가 하는 일을 죽었다 깨나도 할 수가 없는 일이다. 자부심을 갖고 조금만 참고 견뎌라.' 아들에게서 답이 왔다. '오, 예스!' 아들은 더 큰 회사로 옮기고 승진도 하고 자신의 일에 자부심을 느끼며 잘 살아가고 있다. 회사에 꼭 필요한 사람이 되고 결혼을 하여 아빠도 되고 순탄한 삶을 살아가는 모습을 보며 가끔 생각한다. 그 옛날 아들에게 문자를 보내는 순간에 나는 한 뼘 성장한 엄마였을까를.

다음 날

비가 온다는 예보가 있던 날, 갑자기 추워졌다. 이른 아침 농장에 출근해서 보니 하우스 앞 배추밭에서는 상품上品 배추만 골라 상차하는 작업이 한창이었다. 배추 작업은 주로 새벽에 시작하는데 비가 오려 하니 동작이 빨라지는 것 같다.

하우스 안의 꽃을 다 따고 나와 선별을 할 때쯤 비가 한두 방울 내리기 시작했다. 앞의 배추밭은 올해는 농협과 계약 재배한 곳이다. 비 오는 바깥 날씨가 맵다. 배추가 아직 많이 남았는데 비가 오니 비 맞고 작업하는 모습이 짠하다. '얼마나 춥겠노, 일하기 싫겠다.'는 생각을 하고 있었는데 아니나 다를까 배추를 남겨두고 비를 못 이겨 한 차를 못 다 채운 트럭은 떠나버렸다.

남편이 들락날락하더니 "나중에 갈까?" 한다. "그러든지요." 했더니 또 "지금 갈까?" 한다. "그러든지요." 하자 남편이 칼을 챙겨 들고 부슬비를 맞아가면서 버림받은 배추를 잘라 실어 나른다. 남자와 여자가 뒤바뀌었다고 푸념하더니 90포기를 쟁여 놓았단다. 저녁에 다행히 비가 개어 대신동 언니 집까지 실어다 주었다. 올해도 배추는 공짜다.

다음 날 퇴근하는 길에 소금 도매상에서 소금을 사고 그다음 날은 마당에서 배추 70포기를 절였다. 날이 따뜻했다. 그다음 날, 남편이 "배추를 씻어 건져야 될 건데 언제 할긴고?" 하길래 "글쎄~ 하기는 해야 하는데…." 허리가 부실한 나는 엄두가 안 나는 터였다. 아래층에 사는 딸이 내 표정을 한번 보고는 "아빠~ 아빠랑 내랑 박자가 잘 맞으니까 엄마는 아기 보라 하고 내랑 씻으러 갑시다." 나는 얼른 애를 안았다. 마당에서 부녀가 주거니 받거니 하는 이야기 소리가 꼭 닫힌 이층 베란다 문틈으로 솔솔 들어온다.

다음다음 날. 농장 일을 마치고 오자마자 시누이가 부쳐준 새우젓이랑 생강, 멸치젓, 마늘, 사과, 양파, 대파, 매실 액을 꺼내서 갈 거는 갈고 썰 거는 썰어 놓았다. 남편이 전화를 했다. "오늘 김장하나~? 수육거리 사 놨제~?" 한다. 당연하다는 듯 "예, 그럼요~" 해놓고는 '아차' 싶어서 얼른 식육점에 다녀와서 수육을 만들기 시작했다.

며칠 전 농장 옆 무 밭을 지나가는데 무 밭 주인이 "무시 있능교?" 하더란다. "아직 안 샀는데요." 했더니 "자, 이거 갖고 가소." 하면서 차에 실어 주더라고 무를 두 자루나 받아왔었다. 몇 개는 신문지에 싸서 두고 모두 절여서 무김치를 담기로 했다.

"양념 뒤적이는 것도 보통 일이 아니네~" 하며 끙끙 대고 있으니 "보자, 장갑 벗어봐라." 한다. 떡 본 김에 제사 지낸다고 장갑 낀 김에 시작한 김장은 어쩌다 보니 끝까지 남편이랑 딸래미가 다 치대어 넣게 되었다. 나는 왔다 갔다 하면서 이리 갖고 오소, 여기다 넣어 주소 하다 보니 골칫거리 김장이 끝이 났다. 베란다의 배가 불룩한 큰 독 작은 독에 김치가 그득한 걸 보니 내 배가 든든하다. 다음 날은 허리 아프다고 남편은 병원 가고 혼자서 꽃을 땄다. 농장이 휑하다.

보이지 않는 끈

앞날이 예상대로 살아지는 사람이 있을까. 어떤 여성은 인생 목표가 현모양처였다 한다. 평범한 여성의 당연한 수순일 텐데 왜 그런 생각이 목표로 정해졌을까. 그 여성은 현모양처가 아닌 곡절이 많은 인생을 살고 있다.

나는 조용하고 낭만적인 삶을 동경했다. 석양 무렵에 낙엽을 긁어모아 태우며 좋은 사람과 같은 곳을 바라보는 고즈넉한 분위기를 자주 연상했다. 그러나 3대가 한집에 살고 친척이 한 동네에 모여 사는 기찻길 옆에서 결혼 생활이 시작되었으니 결국 내게는 일어나지 않을 일이기에 그렇듯 그리는 일이었던 모양이다.

왜 조용하고 낭만적인 생활을 꿈꾸었는지 나도 이유를 모른다. 어쩌면 전생에서부터 있어 왔던 인연의 고리가 연결된 것은 아닌가 하는 생각이 든다. 지금 겪는 일이 언젠가 꼭 겪었던 일이라는 것을 느끼는 그런 순간이 있다. 전생의 연관으로 그런 것이라고 생각했는데 나를 알기 위한 사주공부를 해 보니 팔자였다.

남편을 만난 건 오빠 친구의 소개로 들어 간 회사에서였는데 처음 보는 순간 설명할 수 없는 묘한 거부감을 느꼈다. 그건 풀리지 않는 수수께끼로 오래도록 머릿속에 있었는데 한참 세월이 흐르고 나서의 결론은 전생의 어떤 인연이 만나진 것이라는 것으로 굳어졌다.

언니가 결혼한 지 한 달 만에 결혼식을 올렸다. 친정어머니에게 찾아와 삼고초려하며 설득한 시아버지 때문이었다. 지금은 결혼할 처지가 안 된다는 우리 입장을 오히려 친척들에게 말하기 좋다며 몸만 오면 된다고 설득을 하셨단다. 그 사실을 내가 모르고 있었다는 것이 지금도 이해가 안 간다. 요즘이야 28살은 많지 않은 나이지만 80년대의 남자 나이는 결혼 적령기를 넘으려는 나이였고 고집은 세고 성격은 불칼 같은 장남을 두고 온 집안에서 결혼 독촉을 받던 중이었나 보았다. 큰아들이 따님만 좋다고 하니 어쩌겠냐고 하셨다는데 시아버지 자리가 인품이 좋아보여서 엄마도 결국에 승낙하신 건 아닌지 모르겠다.

나는 이상한 오해(?)를 받으면서 결혼식을 했다. 허니문 베이비를 낳고 항상 열 식구가 넘는 밥을 하고 충충시하를 살아냈다. 시어른과 한솥밥을 먹고 사는 것은 사람 사는 데니까 그냥 함께 살면 되는 줄 알았던 철없던 시절도 지나갔다. '삶'은 그냥 이어지는 것이었다. 나와 나의 주변, 우리 모두는 도대체 어떤 인연의 끈에 묶여 있는 것일까. 철학자만 고민하는 것이 아니다.

　영화 '국제시장'을 보고 와서 아빠와 엄마를 말없이 꼭 안아주던 두 아이의 엄마인 딸이 있고, 스마트폰에서 확인하는 엄마의 숨길 수 없는 눈가 주름을 보고 아이크림을 사다 주며 애정 표현을 하던 아들도 보이지 않는 전생의 어떤 끈으로 연결되어 현재를 함께하고 있는 것이리라. 보이지 않는 나의 끈은 질기고 따뜻한 온기가 있다.

허리와 뿌리

 밭매기는 어쩌다 여성들의 전문직처럼 되었을까. '콩밭 매는 아낙네야 베적삼이 흠뻑 젖는다.' 하는 노래가 있었을 정도로 남자가 풀 맨다는 소리를 들은 적이 없는 것 같다.
 인체 구조상 쭈그리고 앉아서 하는 작업인 밭매기나 빨래하기는 관절에 심각한 영향을 주었기 때문에 허리가 기역으로 굽은 노인네는 할아버지보다 할머니들이 눈에 더 많이 띄었던 것은 아닐까 싶다.
 자고로 모든 생명체는 허리와 뿌리가 중요한 법이다. 잡초를 맬 때는 풀의 아랫부분을 단단히 잡고 풀 주변을 부드럽게 달래듯이 여러 번 쪼아준 후 뽑아 올려야 뿌리까지 뽑힌다. '구지가'를 노래하면 여럿의 소리에 항복하고 수로부인을 내어놓듯이 앙다문 흙도 차츰 순해져 뿌리를 내어준다. 뿌리가 뽑혀 나오는 찰나의 향기는 풀매기의 고단함을 한순간에 날려버릴 정도의 순수 자연 내음이다.

맨 지가 오래되어 이끼가 낀 곳이나 이제 실눈을 단 어린잎이라도 그냥 두지 말고 살살 긁어 놓는다. 그래야 눈에 보이지는 않지만 이미 땅속에서 올라올 준비를 하는 싹들을 뿌리째 전멸시킬 수 있다. 사화에 휩쓸린 집안은 삼족까지 멸하여 아예 뿌리를 제거하려던 조선 시대의 살벌한 당파 싸움처럼 아예 씨를 말리는 것이다.

매 낸 잡초들은 죄인 귀양 보내듯 땅이 아닌 곳에 들어내야 한다. 들어내지 않고 흙이 있는 그 자리에 두었다가 새벽이슬이라도 만난다든지 물기를 접촉하게 되면 언제 끼리끼리 부화뇌동했는지 다시 살아나 고개를 치켜드는 꼴을 보는 수가 있기 때문이다.

한낱 잡초라도 계절 따라 장소 따라 시기 따라 종류도 성질도 다 다르다. 건드리기만 해도 잘 뽑히는 풀이 있는가 하면 땅에 뿌리를 단단히 내려, 뽑는 시기를 늦추기라도 하면 사방팔방으로 뻗어나가서 빼기가 여간 성가시지 않은 풀도 있다. 뿌리가 깊이 내린 풀은 위로도 잎이 무성하여 세력이 강하다. 잡초라고 얕보고 아무렇게나 잡고 뽑으려 했다간 허리만 실없이 끊어져 버린다. 꼬리가 잘리면 꼬리는 버리고 도망을 가는 도마뱀처럼 허리 잘린 풀의 뿌리는 조만간 싱싱한 푸른 잎을 달고 '날 좀 보소.' 하듯 고개를 내민다. 허리 아래 뿌리가 살아있기 때문이다.

 김수영의 시처럼 풀은 약한 바람에 눕기도 하지만 여간 밟혀도 죽지 않는 강인함이 있다. 가느다란 풀의 뿌리지만 올라온 방향대로 뽑아야지 역방향으로 뽑았다가는 끊어지기 십상이다. 적을 알고 나를 알면 백전백승이라는 말이다.

 땅의 잡초를 상대하는 일은 몸을 낮추는 데서부터 시작한다. 허리를 굽히게 하는 땅은 생의 근본인 뿌리에 뒷심을 주고, 뒷심을 받은 튼튼한 뿌리는 식물의 화려한 결실인 열매를 맺는 데 일등 공신이다.

 쓸 만한 식물의 뿌리를 잘 보존하려면 주변 정리가 잘 되어 있어야 한다. 벌레나 해충이 접근하지 못하게 새벽의 흙을 잘 살피면 불청객 몇은 거뜬히 해치울 수 있다. 허리가 잘려도 반신불수고 뿌리가 해를 입어도 앞날을 기약하기 어렵다. 무릇 자신의 뿌리를 잘 지키려는 마음만 먹는다면 시작은 반이다.

나만 나쁜 사람

사위의 첫 생일이나 며느리의 첫 생일은 다들 그냥 지나가지 않는다는 말을 들었다. 옛날과는 거꾸로 요즘은 며느리 시집살이라는 말이 있는 세상이다. 눈치껏 살아야 한다는 처세술의 한 방법이라고 여긴다.

어릴 때야 부모들이 생일을 챙겨주지만 다 커서 자신의 가정을 꾸렸으면 태어남에 감사하는 의미로 서로의 생일에 상대 부모님께 배우자를 잘 키워주셔서 감사하다는 인사를 올려야 한다고 평소의 생각대로 아이들에게 일렀다. 갓 결혼한 아들 며느리는 내 말을 잘 이행했다.

며느리보다 사위를 몇 년 먼저 맞이했는데 사위의 첫 생일이나 딸이 출가 후에 맞이한 첫 생일에도 그다지 강하게 주장하지는 못했던 기억이 있다. 사돈의 성향을 파악하지 못한 상태에서 구구절절 설명할 수 없었다. 그러나 사위는 시키지 않아도 양가 어른을 모시고 식사 대접을 했다.

아들의 첫 생일에 며느리가 감사하다는 뜻으로 우리 부부에게 식사를 대접했다. 며느리의 첫 생일에는 아들이 장모님을 찾아뵙고 감사드리고 식사를 대접해 드리라고 보냈다.

집안 행사 때 만난 사촌 동서들이 우연히 나온 첫 생일 얘기에 "형님, 며느리 첫 생일 그냥 지나가면 안 됩니데이." 요즘 시류라고 했으나 한쪽 귀로 흘렸다. 며느리는 시아버지인 남편의 첫 생일에 선물을 사왔고 같이 식사를 했다.

내 생일에는 아들 며느리가 직접 상을 차려 우리 부부를 초대했다. 은근히 옆구리를 찌른 결과다. 지인의 경험을 들은 후이기도 했고 며느리가 차려주는 상을 받을 일이 첫 생일 말고는 더는 없을 것이기에 힘든 일인 줄 알면서 이기심을 냈다. 차린 음식을 보니 요리도 할 줄 모르는 아이들이 엄청 신경을 쓴 표시가 났다. 아들 며느리가 순순히 말을 들어주니 고마웠다.

결혼 후 일 년 만에 아기를 가졌다는 소식을 들었을 때 남편은 어디선가 들었다며 임신했으니 거액의 축하금을 줘야 한다고 강력히 말했다. 나중에 아기를 낳으면 출산 축하금도 당연히 내야 한단다. '당연히'라는 말에 나는 브레이크를 걸었다. 그게 왜 당연해야 하지? 요즘처럼 출산율이 저조한 때에 당연히 축하하고 축하 받을 일이지만 무사히 태어나길 기원하고 기도하는 마음이면 충분한 것 아닌가. 더군다나 자신의 형편을 생각지도 않고 금액을 정하다니 아무리 손자가 좋기로 이건 아니다 싶었다.

돈으로 축하를 해야 한다니 맞지 않는 말이고, 아주 잘못된 생각이라고 내 주장을 내세웠다. 따박따박 따지고 드니 남편이 무시당했다고 생각했는지 완전히 토라졌다. 영 기분이 나아지지 않는 것 같아 남편이 보는 앞에서 집안의 평화를 위해 할 수 없이 얼마간의 금일봉을 전하며 마무리를 지었다.

넉넉지 못한 생활에서 오는 절약 습관이 밴 테두리 안에서의 지출의 잣대가 어디서든 작동했던 것 같다. 시대가 그렇다 해도 뭐든 돈으로 해결하기보다 어른으로서 올바른 문화를 물려주어야 한다는 생각은 변함없었다. '돈'과 '마음의 선물' 사이에서 나 혼자 표류 중이다. 다양한 생각이 어울리고 서로의 다름을 인정하는 세상에 살고 있으니 나도 바뀌어야 하는데 꼰대 사상이 잘 바뀌지 않는다. 한편으로는 나의 기준이 잘못된 것일까. 나는 타협도 모르는 인간이 아닌가 하는 생각과 나 혼자 봉건시대에 머물러 있는 건가 혼란스럽기도 했다.

세월이 많이 흐른 후 여동생의 며느리 임신이 알려졌다. 딸이 이모와 통화 중이었다. "이모, 그냥 있으면 안 된다."고 그 옛날의 거액의 축하금 얘기가 딸의 입에서 나왔다. 세월은 여전히 한 방향으로 흐르고 있었다. 기준점이 모호하다.

만난 적 없는 이별

　70년대는 펜팔이 유행이었다. 어느 날 단정한 필체의 낯선 이름의 편지를 받았다. 스무 살 적이었나 보다. 고종 오빠의 군 시절 동기였다.

　세상 처음 겪는 일이라 두려움이 앞서면서도 설레었고 이런 편지질 안 좋아한다고 편지하지 말라는 답을 써서 보냈다. 진짜 싫으면 답도 안 하면 되지 편지하지 말라는 친절한 답장까지 보내는 마음은 예쁜 글씨체에 끌렸다는 것이 맞을 것이다. 이것도 펜팔에 속하는 건지 아닌지 모르겠지만 그렇게 4년 가까이 편지질이 이어졌다.

　만나야 할 사람은 언젠가는 꼭 만나게 된다는데 만날 인연이 아니라서 만나지 못한 것일까. 한 번도 만나지 않았기에 아예 인연이 아니었을까. 몇십 년이 지났지만 그때의 인연에 대해 가끔씩 생각할 때마다 옷깃을 스치는 우연만큼의 인연도 안 되는 인연이었다는 결론을 내린다.

　남자의 필체가 여성스럽다는 건 성격이 모나지 않고 둥근 만큼 우유부단함도 있을 것 같다는 판단은 세월이 한참 흐른 후의 결론이었다. 새삼스럽게 옛 인연에 대해 떠올리자니 오래된 기억 속에서 건질 거라고는 그 사람의 이름과 주소지의 동네와 필체였는데 그마저도 아슴푸레하다.

　얼굴을 모른 채로 자신이 해야 할 일이 우선인 채 편지만 주고받았다. 생활하다 지치거나 우울한 기분이 들거나 누군가에게 털어놓고 싶은 얘깃거리가 생기면 서로 집중적으로 몇 장씩 써서 보내는 식이었다. 서로에 대해 아는 것은 여전히 이름과 사는 곳뿐이었고 편지를 쓴 날 무슨 일이 있었는지 요즘 무슨 생각을 하는지가 다였다. 해서 편지에는 거짓이나 가식이 없고 그날의 솔직한 심정들이 쓰였기에 둘의 마음은 진실함만 있었다고 생각하지만 나를 어리게 취급하는 느낌도 받았다.

　나보다 나이가 너덧은 위였던 것으로 추측되던 그는 일 때문에 부산에 왔으면서도 용기가 없어서 만나자고 하지를 못했다는 고백의 편지를 보내 왔다. 오래 주고받은 편지에서 친구 이상의 감정이 생기려던 때였는데 실망감이 컸다.

　시절인연이란 말은 본래 불교 용어로 '모든 현상은 어떤 시기가 되면 자연스럽게 이루어진다.'는 뜻이다. 인연에도 생로병사와 유효기간이 있다더니 지금이 시절인연을 끝맺을 때로구나 싶었고 나는 이별을 고했다. 만난 적도 없는데 이별이라는 말은 맞지 않는 건지 모르지만.

마음을 끊으니 생각도 옅어졌다. 다시 일상생활에 열심이었고 차츰 잊혀갔던 것 같다. 눈에서 멀면 마음에서도 멀어진다는 말은 동서고금을 통한 진실이다. 지금에서 돌아보면 내가 너무 일방적인 끝맺음을 했다는 생각이 든다. 우리에게 더 긴 침묵이 필요했던 것은 아니었을까. 그 후에 새로운 소통이 있었을 수도 있지 않았을까 쓸데없는 상상을 해 본다.

누구나 힘이 들 때면 지금의 상황을 견뎌낼 핑곗거리를 찾을 때가 있다. 편지를 보내고 답장을 기다리던 그 시절은 참 영혼이 충만한 시절이었다는 기억은 변함이 없다. 가지 않은 길에 대한 미련이나 소망은 가끔씩 드러날 때 그림자가 깊다. 그때 가지 않은 길을 갔더라면 어떻게 되었을까 하는 상상만으로 잠시 캄캄한 어둠을 내려놓을 때가 있었다.

인연임을 바로 알 수 있는 느낌도 있지만 인연의 시작과 끝이 오랜 시간이 지난 후 인생 시간 수업료가 비싸게 지불되고서야 알 수 있는 인연도 있는 것 같다. 인명은 제천이라 지금은 어느 하늘 아래 있는지 알 수가 없지만 만난 적 없던 친구의 안녕을 빈다.

시험 통닭

　시어머니는 육식을 아예 못 하셨다. 어렸을 때부터의 식습관이라 친정 부모님한테 맞아가면서까지 바꾸려 해도 바꾸지 못하셨다고 한다. 어느 집이나 그렇겠지만 자연히 시댁의 대부분 반찬은 주부인 시어머니의 식성대로 밥상에 오르기 마련이었다. 나물 반찬은 늘 떨어지지 않았고 국도 고기가 들지 않은 시래깃국이나 무 악다지국, 된장찌개나 동태찌개였다. 혹은 섬진강에서 채취한 재첩이나 파래 반찬이 대부분이었다. 오죽하면 4남 1녀 자식들이 '엄마~ 우리가 토까이(토끼) 새낀기요~' 하기도 했단다.
　부산으로 이사 와서는 그나마 젓갈류는 떨어지지 않았다. 자갈치에 장을 보러 나갔다 오시면 아버님이 좋아하시는 각종 젓갈과 굵다랗고 짭짤한 말린 오징어 다리 묶음을 꼭 사 오셨다.

아버님에 대한 어머니의 바라기는 금슬이 그다지 좋다고 볼 수가 없는데도 불구하고 하늘처럼 대하신다고 여겨졌다. 당신이 시할머니나 아버님에게 받는 대접과 상관없이 자식이나 남들이 볼 때 남편을 최고로 받드는 것이 내 아들들 또한 남에게 좋은 대접을 받을 것이라는 믿음을 행동으로 보여주시는 것 같았다.

결혼한 지 얼마 되지 않았을 때였다. 어느 날 낮에 아래채 우리 방에 혼자 있는데 아버님이 부르셔서 갔다. 위채 마루에는 시할머니와 두 분이 누런 종이에 펼쳐진 통닭을 잡수시지도 않고 나를 기다리고 계셨다. 그때는 지금처럼 전화만 하면 배달이 되던 때가 아니고 알록달록 포장지도 없던 시대였다. 다리가 불편하신 아버님이 시장에 가서 직접 사 오신 모양이었다.

두 분은 내가 어떻게 나오는지만 보고 계시는 듯했다. "닭고기 먹어 봐라." 하셔서 음식을 가리는 편이 아닌 나는 같이 드시자고 하면서 스스럼없이 한 조각을 들어 먹기 시작했다. "됐다." 하시면서 웃는 얼굴로 허리를 쭉 펴신다. 마누라처럼 육식을 못 하는 며느리면 어떡하나 신경이 쓰이셨던 것 같다. 작심하고 사 오시고 나는 시험에 통과한 셈이다. 내가 만든 돈가스나 카레라이스는 어머니 외의 8명의 식구들이 언제나 잘 먹는 메뉴였다.

지금은 이름도 종류도 맛도 다양한 통닭이 언제 어디서나 한

밤중에도 배달이 되어 어쩌다 먹는 별미 통닭이 아니라 마음대로 골라먹는 맛의 통닭 시대다. 남편과 가끔 통닭 생각이 나면 반지르르한 양념을 덮어 쓴 양념통닭보다는 온마리인 옛날 통닭을 시키자는 데 의견 일치가 된다.

생애 처음

    누구나 살아가며 경험하는 생애 처음. 세상 풍파 다 거친 노년일지라도 생애 처음이라는 것의 경험은 살아 있는 한 또 있을 수 있다.
    이번 추석만 해도 그렇다. 폭염 주의보가 내린 추석이라니. 코로나19를 처음 겪었을 때만큼이나 당황스러웠다. 아무도 예상 못 했던 일이라 상황이 끝나기만을 기다리는 것 말고는 할 일이 없는 황당함.
    가장 최근의 대중적인 생애 처음은 코로나19였을 것이다. 수없이 죽어가는 죽음 앞에 장례조차 제대로 못 치르는 사람들의 일도 충격이었다. 코로나19 이후 명절 풍속도도 크게 바뀌었다. 코로나19 핑계로 본가에 안 가도 되는 경험을 한 후로 굳이 긴 연휴를 고속도로 정체 현장에서 보낼 필요가 없다는 여론.

오랜 습관에서 헤어나기가 잠시 망설여지던 남자들조차 집안의 평화를 택했다. 더 풍요로운 정신적 포만감을 위해 해외여행이나 개인플레이가 당연시되었다. 의식의 흐름이 그러하니 꼰대들의 꼰대 짓도 더불어 한물가 버렸다.

우리는 큰집이라 시끌시끌하고 비좁은 듯 가득 찬 느낌의 분위기를 오래 겪었다. 다 모이면 삼십여 명이 복닥거릴 텐데 언제부터인가 그러니까 코로나19를 기점으로 서서히 그러다가 확실히 바뀌었다. 가기는 해야 하는데 썩 내키지 않는 발걸음을 이해하니까. 접대를 하려면 준비가 너무 많은 우리도 힘이 부치는 현실을 한 방에 정리해 버렸다.

앞으로 기제사만 지낼 테니 명절은 각기 연휴를 맘껏 즐기라고. 세대가 늘어지면서 고증조부모 제사도 시사로 넘어갔기에 직계 제사에는 직계들만 오게 되었다. 모든 세상일이 간략하게 바뀌어 가니 간략은 편한 것과 동일한 언어로 이해되었다. 편한 것은 이대로 오래갈 것 같으니 중심을 지키는 인, 의, 예, 지를 단단히 붙들어야 하는 숙제가 있지만 같이 늙어가는 주변인들과 편안한 노후가 되고 싶은 것도 사실이다.

젊은이들의 명절 스트레스도 한몫 단단히 했었다. 스스로도 스트레스일 수도 있는 말, 언제 결혼하느냐, 아직도 취직이 안 되었냐, 그래서 어쩔 작정이냐까지 타인의 미래를 걱정인지 관심인지의 오지랖까지 굳이 들어가며, 참으며, 순간을 넘기던 일을 더 이상은 거부하겠다는 의지가 확고해졌고 일반화되었다.

훈훈한 얘기들도 들려온다. 혼자 편히 지내면서 나이를 먹어가니 부모님도 늙어간다는 생각을 하게 되고 더 늦기 전에 효도한다며 부모님과 함께 해외여행을 간다는 기특한 젊은이들도 보인다. 여유로워진 명절의 풍경이다. 먼 훗날 후회할 일 하나 줄어서 다행이다.

요즘 최대 유행인 반려견, 반려묘, 희귀한 곤충, 파충류를 반려로 정하고 산다는 건 익히 알고 있었다. 휴가를 반려견과 지내기로 했다는 소식은 좀 새롭다. 인간적인가? 누가 뭐라 하든지 자신의 인생을 남이 재단하도록 두지 않고 굳이 나와 다른 이들에게 인정받기 위해 싸우려고 하지 않는 젊은이들. 베이비부머 세대인 우리는 시대적 상황으로 봐서 같이 편먹을 인원이 수적으로 우세하지 못했다는 핑계 같은 결론을 내려 본다.

몇십 년 후, 이들도 나이 먹어 보기 전에는 몰랐던 또 다른 생애 처음을 당연히 겪을 수가 있을 것이다. 지금 아는 것을 그때도 알았더라면 하는 감정이 가슴을 때릴 것이다. 생애 처음은 기다림과 혼란과 감동과 때늦은 후회를 동반하는 일이다. 뿌린 대로 거둔다는 진리를 일찍 아는 것도 그 사람의 복이다.

글 덕 말 짐

 손가락 사이를 빠져나가는 미꾸라지처럼 생각이 달아난다. 내 기억력은 이미 믿을 만한 것이 못 된다는 것을 안다. 바로 기록하는 습관을 들이려고 애쓴다. 그래서 일하는 도중이라도 떠오르는 생각은 날아가 버리기 전에 핸드폰 노트에 토도도독 기록하여 붙잡아 둔다.
 게으름을 피운 주인 덕에 핸드폰에 문자메시지가 가득 쌓였다. 번쩍 떠오른 날치들을 놓치지 않고 잡아놓은 것도 꽤 되었다. 구슬이 서 말이라도 꿰어야 보배다. 묘계질서妙契疾書란 번쩍 떠오르는 깨달음을 빨리 쓴다는 말이다. 수사차록隨思箚錄은 생각을 놓치지 않고 적어둔다는 말이다. 묘계질서하고 수사차록해 놓은 것은 따로 정리해 두었다. 묵직한 느낌이다. 틈을 내어 하나씩 읽으며 필요 없는 메시지도 지웠다. 핸드폰이 짐을

내려놓은 듯 가벼워졌다.

　다산을 비롯한 옛 선비들이 메모를 꼼꼼히 했었다는 글을 읽었다. 이수광의 『지봉유설』도 책을 읽을 때마다 자신의 생각을 기록으로 남긴 메모이고, 이덕무의 『耳目口心書』는 귀로 듣고 눈으로 보고 입으로 말하고 마음으로 새긴 풍경들을 붙들어 기록한 것이다. 박지원의 『열하일기』도 연행 도중에 쓴 것이 아니라 귀국 후 여러 해 동안 노정 도중 적어둔 거친 비망록을 바탕으로 생각을 키워나가 완성시킨 것이라 한다.

　이렇게 적은 글이 책이 되어 많은 사람에게 읽힘으로써 글을 쓴 사람은 짐을 더는 것이라는 생각을 해 본다. 쓰기만 하고 광에 모아 두기만 해서 광에 가득해진 이야기들이 반란을 일으켜 초례청에서 글쓴이를 뾰족한 송곳이 떨어지게 하여 죽이려 했다는 옛날이야기를 읽었던 적이 있다.

　성격이 급한 사람은 행동도 말도 빠르다. 생각하고 있던 일도 좀 더 깊이 따져보기 전에 말이 되어 먼저 튀어나온다. 쏟아진 말은 자기 것이긴 해도 흔적이 없어 주워 담을 수 없다. 잘못 뱉은 말은 언젠가는 부메랑으로 돌아온다. 잘못 뱉은 순간을 후회해도 아무 소용이 없다.

　짐 중에 제일 무겁고 무서운 짐은 말[言] 짐인 것 같다. 어디론가 발 없이 달려가서 천 냥 빚을 갚기도 하고 형체도 없는 것이

독을 품고 있기도 하여 사람을 죽이기도 살리기도 한다.

  무심히 뱉은 말이 돌아오는 대가가 크다는 경험을 한 적이 있다. 뱉은 말은 책임져야 할 때가 꼭 온다는 것을 미처 몰랐다. 뱉어놓고 잊어버리고 있지만 상대 당사자는 자신이 필요할 때, 언젠가 누군가의 뱉은 말을 기억하고 있다가 뱉은 말을 지키라고 요구한다. 꼼짝없이 빚쟁이가 되는 순간이다. 도리어 당당하기까지 하니 발뺌할 도리가 없다. 형체도 없는 말의 독은 두고두고 짐이 되어 살아가야 할 수도 있다. 안 하느니만 못한 말은 안 해야 된다는 것을 누구나 말할 때 생각이라는 것을 하고 난 뒤 말을 한다면 알 일이다. 침묵은 금이라는 말이 그런 데서 나온 건 아닌가 싶다. 말을 직업으로 하는 것이 아닐 바에야 많이 하면 쓸 말이 적다는 것이 내 생각이다.

바다는 그렇게 우리에게 오고

　배에서 내려진 수산물은 대기하고 있던 아지매들의 빠른 손놀림으로 상자에 착착 담겨 옮겨진다. 전등 불빛을 받아 반짝이는 수산물들이 마치 살아 숨 쉬고 있는 것 같다. 크기별 등급별로 선별 작업된 상자들이 공판장 바닥에 속속 깔린다.

　첫 새벽의 어판장. 출하주를 대신해 경매에 참여하는 주재하주는 상품을 가능한 좋은 가격에 파는 것이 목적이다. 밤새 싣고 온 수산물들이 더 싱싱하고 더 탐스럽게 보이도록 진열하는 표정이 진지하다. 중매인들은 날카로운 눈빛으로 목표 매물을 예의 주시한다.

　갑오징어 대가리를 툭 때려본다. 제사상에 후손을 밀어준다고 꼭 올리는 민어 턱을 유심히 들여다보며 아가미가 선홍색을 띠는지 살핀다. 꼭 한 손씩 올리는 심해 바다의 조기도, 도와준다는 도미도, 암컷보다 수컷의 몸값이 비싼 대구도 상자 위로 수북하게 밥이 더 좋은 놈한테 눈길 보낸다. 아구(아귀)는 내장이 선도를 측정하니 탱탱한 간이 배 밖으로 나와 있는 놈을 점찍어 놓는다. 상품을 가능한 좋은 가격에 사기 위해 바닥에 깔린 물건들의 상태와 물량을 보고 최종 예상 금액과 목표 금액을 머릿속에 정리한다.

생선은 바다를 떠난 후부터 가치를 빠르게 잃어간다. 그러니 경매는 속도와 정확성이 생명이다. 일정한 운율을 타고 빠르게 터져 나오는 소리. '왈라왈라 3만 3만~' 자세히 듣고 오래 들어도 무슨 말인지 일반인들은 알아들을 수 가없다. 부지런히 움직이는 중매인의 빠른 손동작과 눈짓도 시작과 끝을 알 수가 없다. 좋은 상품 먼저 사려는 중매인의 소리 없는 아우성이다. 심각한 표정 끝에 기쁨의 탄성과 안타까운 한숨이 반복된다.

종류와 물량이 많은 패류나 두족류 경매에는 단말기를 통한 전자식 경매를 하고 활어 같은 물량과 종류가 적은 경매도 기계의 발달에 따라 한때는 전자식으로 했으나 다시 순식간에 지나가는 암호 같은 손짓의 사람 냄새나는 경매로 바뀌었다 한다. 패는 역시 손으로 쪼아야 제맛인가 보다.

귀환 동포로 부산에 정착한 아버지는 한문 필체가 좋으셨는데 지인의 소개로 자갈치 어판장 사무실에 근무를 하셨다 한다.

모두 자는 새벽에 손수 밥을 해서 푸고 김이 모락모락 나는 뜨거운 밥에 계란을 깨서 넣고 간장과 참기름으로 비벼서 후후 불어가며 드시고는 출근을 하셨다. 자다가 깨서 빤히 보고 있는 어린 내게 아버지가 남긴 밥은 꿀맛이었다. 지금도 입맛이 없을 때 따끈한 밥에 계란을 넣고 비비다가 간장과 참기름을 넣고 먹어 본다. 왠지 그 노랗던 밥 색깔이 나오지는 않는다.

출근을 해서 일을 보시고 중매인에게 물건을 사서 시장으로 보내고 퇴근을 하시면 엄마는 물건을 받아서 파셨다. 그렇게 칠남매를 키우셨다. 낮에 한잠 주무신 아버지는 다시 시장으로 나가 엄마와 함께 일하시고 밤늦게 퇴근하셨다. 한 번도 두 분이 큰 소리로 싸우는 것을 본 적이 없는데 아버지는 나이 차이가 나는 엄마를 무척 아끼셨던 것 같다.

70년대까지도 거의 모든 생선은 납작한 장방형의 나무로 짠 상자에 담았다. 고기상자라는 말보다는 '고기하꼬'라는 말이 익숙하게 쓰이던 때다. 요즘은 스티로폼 박스나 노란색 플라스틱 상자를 주로 사용하는 것 같다. 작년 어느 날 남편과 훌쩍 바닷바람 쐬러 간 묵호항 주차장 한쪽에 그 '고기하꼬'가 차곡차곡 쌓여 있는 것을 보았다. '고기하꼬'에게 다가가며 나는 웃고 있었다.

해방된 지 오래지만 일본어가 사라지지 않고 쓰이는 곳은 많다. 일본어를 쓰면 딱 떨어지는 느낌일 때가 있다. 습관이 무섭다. 당일 최고의 선도와 품질을 선점했으면 '아사이찌' 했다며 성취감이 최고조가 된다. 다른 말로 쉽게 바꾸기 어려운 것이 호텔 일식당이나 스시 오마카세 주방에 물건을 넣는 중도매인에겐 자신 있게 물건을 내밀고 서로 통하는 말인 '오늘 아사이찌 했다.'면서 비싼 값을 받을 수 있으니 수산인으로서의 자존심이라고도 할 수 있다.

윤상 아지매라고 불리던 엄마는 쉰에 혼자되시자 아버지가 해 주시던 물건 사는 일까지 직접 하셔야 했다. 아침 일찍 버스를 타고 자갈치로 간다. 옷에 물이 스며들지 않도록 비닐로 된 발등까지 오는 넓은 앞치마를 차고 장화는 필수다. 중매인들에게서 산 무거운 생선이 담긴 상자를 나무로 된 짧은 막대기 끝에 쇠갈고리가 달린 도구(요구)로 꽉 찍어 시장 좌판까지 실어다 줄 짐차 앞에 끌어다 놓고 버스를 타고 시장으로 온다. 아버지가 돌아가시고 안 계셔도 '윤상'이라고 표시를 한 '고기하꼬'는 정확하게 엄마가 장사하는 곳까지 배달되었다. 날마다 또는 며칠에 한 번 그렇게 바다를 시장으로 끌고 오는 일은 그 후로도 오래도록 계속될 수밖에 없었다.

여름엔 얼음덩어리를 생선 사이에 얹어 신선도를 유지하고 겨울엔 꽁꽁 언 동태를 팔기 위해 바닥에 내려치기도 하고 한 마리 한 마리 일일이 떼어내던 모습은 아픈 기억이다. 동태포를 뜰 때 껍질을 벗기고 같은 간격으로 살을 저며 내는 작업이나 얼어있는 생선의 배를 갈라 내장을 꺼내는 일은 손도 생선도 얼어 마음먹은 대로 되지 않는다. 그럴 때마다 아버지 생각이 많이 나셨을 것 같다. 요즘은 포장된 명태포를 쉽게 살 수 있다. 제사 때만 먹는 명태전인데도 젓가락이 가지 않는다.

팔다 남은 생선은 소금에 절여 간고기로 팔기도 하고 꾸덕꾸덕 말려서 팔기도 한다. 내장을 뭉텅 덜어낸 가오리가 양쪽 날개에 칼집 무늬를 낸 채 허연 배를 드러내고 말라가는 모양을 보면 장사를 하려면 속은 덜어내 놓고 해야 된다든가 장사하는 사람 똥은 개도 안 먹는다는 말을 떠올리게 된다.

덤으로 얹어주기도 잘 하셨는데 남은 몇 마리 팔아버리고 가려고 밤중까지 좌판을 펴고 손님을 기다렸다. 너무 늦으시는 엄마를 마중 나가면 활짝 웃으시며 반가워하셨다. 치우고 집에 가기는 해야겠는데 얼마나 서글펐을까. 함께 좌판을 정리하고 한쪽에 물건을 쌓고 주변을 물로 깨끗이 씻어 내린 후 아무도 안 다니는 컴컴한 밤길을 둘이서 터벅터벅 걸어 골목길로 접어들던 발걸음 소리가 아련히 보인다.

백 세이신 엄마는 요양원에서 당신이 늘 읽는 일본어 책을 날마다 읽고 옛날 사진들을 보며 지내신다. 경도 인지장애 4급을 유지하시니 고마울 따름이다. 눈을 마주하면 그때처럼 활짝 웃어주신다. 식사 때만 틀니를 끼우니 몇 개 안 남은 이가 듬성해서 합죽 할머니가 된다. 잘 안 들리는 귀는 두고 눈으로 들으신다. 엄마 귀에 입을 대고 바다를 팔며 고생하던 그 시절 너무 힘들게 살아오셨다는 거 다 안다며 조근조근 얘기할 수가 없으니 큰 글씨로 편지를 써서 드려야겠다.

2부

#디카시

기다림

곧 도착한다는 소식
마중 나온 동구 밖
봄눈처럼 금방 갈 거
자주나 오지

– 윤미화

기대해도 될까

　건강한 노후를 위하여 고령층을 위한 실버타운을 부활시킨다는 뉴스를 읽었다. 무슨 제도나 규제 같은 문제는 잘 모른다. 일단 노후대책에 대한 대통령의 관심이 반가운 일이다. 특화된 시설과 서비스를 제공하는 중산층 고령화 가구 대상 민간 임대주택 '실버스테이'는 동작 감지기, 단차 제거 등 노인들이 편하게 생활할 수 있는 시설을 갖추고 의료 요양을 포함한 노인 돌봄 서비스가 제공될 것이라니 기대가 크다.
　지금도 돌봄 인력은 부족하다. 노인이 돌봄에서 소외되기 시작한 것은 핵가족이 시작되면서부터라고 생각한다. 핵가족이 시작된 것은 오래전 일이고 노인의 소외도 한참 전부터 시작되었다는 뜻이다. 노인의 곁에는 따스하고 젊은 기운이 필요하다. 실버스테이는 노인들의 집이다. 노인끼리 뭉치고 모여서 즐거운 일도 있겠지만 노인들만 몰아넣어서 식어가는 체온끼리 무슨 영화를 볼까 싶은 생각이 들었다.

베이비붐 세대의 부모 세대는 노후 준비가 전혀 안 된 채로 요양원으로, 요양병원으로 가서 몇 년씩 외로운 생활을 보내다 돌아가신다. 건강을 잃으면서 누구나 가는 길이 되었다. 보내는 사람도 마음이 편치 않고 가시는 부모들도 서운하고 괘씸한 마음도 있었을 것이다. 부모들을 보면서 저 길이 우리 또한 갈 길이거니 하며 살아가지만 이 방법밖에 없을까를 늘 생각하게 된다.

가족 부양의 부담은 무한한 관심이라는 책임이 따른다. 부양해 줄 사람이 없는 경우 다양한 가족 형태의 한집살이가 해법일 수도 있다. 여럿 중의 누군가가 단기간 동안 돌보는 프로그램을 진행한다면 돌보는 사람은 부담이 없고 돌봄 받는 사람도 인간적인 관계가 유지될 수 있을 것이라고 본다. 누군가와 밀접하게 연결되어 있다는 심적 편안함에서 노인은 활력과 에너지가 생기고 긍정적 마인드를 가지게 될 것이다.

외국의 사례를 가끔 미디어에서 보면서 한집에서, 한마을에서 서로 돌봐주며 살아가는 모습을 볼 때 우리나라는 정말 요원한 일일까 싶어서 부러운 마음이 든다. 2028년이나 2029년이면 실버스테이가 완성되고 60세 이상의 모든 노인이 입주할 수 있다니 잘된 일이다. 다만 노인들만의 집단생활이 아니기를 바란다.

  그동안 청년이나 학생을 위한 주택이나 신혼부부를 위한 주택 마련 시책도 따로 있었던 걸로 안다. 이번엔 실버주택이다. 그 모든 걸 같이 아우르는 '셰어 타운'은 만들면 안 되는 것인가. 남녀노소가 옛날의 대가족 같은 가정을 만들어 사는 것은 불가능할까. 개인의 방에서 혼자만의 시간도 가지면서 거실이나 주방은 같이 쓰는 다가구 가족은 꿈일까. 사람 속에 있으면 자연히 고독사가 없어지는 방법도 될 수 있다. 우리나라도 머지않아 초고령화 시대가 될 텐데 더 건강하게 노후를 보낼 수 있는 노인들을 위한 세상도 대통령님이 생각을 해 줬으면 좋겠다.

요즘 일기 쓰세요?

요즘은 만인이 공개된 일기를 쓴다. SNS다. '일기는 비밀이 아니다.'라면서 자신의 일기를 속속들이 들춰낸 일기장을 젊은 이들이 책으로 펴내기도 했다. 잠깐의 화제라고 할지라도 놀라운 일이다.

일기는 나만의 소중한 비밀 창고 같은 거였는데 그까짓 거 비밀이 아니라니 격세지감이다. 너나 나나 사는 거 똑같다며 속사정이라는 것이 거기서 거기라 퉁 치는 대범함. 체험이 점철된 노인에게서 나올 법한 말을 할 수 있는 젊은이들의 삶의 깊이는 어느 정도일까. 직접 체험하지 못한 것을 얼마나 알고 설명할 수 있을까.

그들의 일기에서 흑백 논리를 구별하거나 미숙함이나 탁월함의 판단도 독자의 몫이다. 작가의 숨겨진 내면의 진심이 읽혀서 독자가 감동한다면 작가의 성공한 글쓰기가 될 것이고 작가가 숨겨진 내면을 그대로 드러냈다면 작가는 힐링이 되었을 것이다. 이도 저도 아니면 독자는 작가의 소설을 읽은 셈이라고 본다. 그러나 책이 되어 나오는 동안 긴 호흡으로 정리된 작가의 마음도 분명히 있었을 것이라 믿는다.

새벽과 함께 일어나면서 노년의 시간은 시작된다. 긴 하루다. 누가 묻는다. 요즘 일기 쓰세요? 일기를 써야 할 것만 같은 나날의 감정 분출구를 생각하면 옛날처럼 일기를 쓰지 않는 자신이 너무 의식 없이 사는 건 아닌가 하는 생각을 할 때가 있다.

짐이 되어버린 묵은 생활의 흔적도 몇 차 분량을 내다버렸는데 종이에 기록된 그만큼의 세월이 담긴 일기장을 없애는 방법은 더 어렵고 쉬웠다. 너나 나나 지금도 사라져 가고 있는데 사라진 과거를 굳이 비밀이라며 간직할 필요는 없지 싶다. 내가 사라지기 전에 정리의 Set up을 해야 한다고 생각한다.

휴대폰 하나로 거의 모든 일과 생활이 시작되고 끝을 맺을 수 있는 세상이다. 스마트폰으로 소셜 미디어에 접근이 쉬워졌다. 글은 짧아졌고 사진도 곁들인 작품을 바로바로 알 수 있다. 낯선 큐알 코드도 사랑하고 살아야 할 판이다. AI와 소통하려면 땀나게 머리를 굴려야 진입 대열에 발끝이라도 닿는다. 이게 맞는 건지 생각할 겨를도 없이 앞으로도 한 번도 겪어보지 못한 세상에 허둥지둥할 것이고 마음속 일기를 비밀이라며 아무도 모르는 곳에 저장했다가 넣어 둔 곳조차 못 찾으면 말짱 도루묵이 될 소지도 있다.

디지털 세상에서 사람이 죽고 난 후 개인이 남긴 그 많은 디지털 데이터는 어떻게 될까. 살아온 흔적이 인터넷에 떠돌아다닐 수도 있을 것이다. 먼 훗날, 떠난 이들의 소셜 계정은 그 시대 사람들의 보편적인 감정과 행동 양식을 알 수 있는 시대의 정보 계정이 될 수도 있을 것이다. 이제 사람은 죽어서 이름이 아니라 데이터를 남기는 시대다. 미처 정리하지 못한 죽은 자의 데이터 일기의 향방은 후손들의 손에 달려 있는 것 같다.

집은 사람의 기운으로 가득 채우고 마음은 추억과 현실과 희망으로 채워야 할 듯하다. 모든 것이 짧고 간단하고 빠름으로 대치되는 세상에 일기는 어떤 식으로 쓰고 간직해야 할까. 숙제가 버겁다.

영화 '파묘'를 보고

'파묘'에 왜곡된 몇 가지가 있다는 글을 조선일보 3월 16일 토요일 자 '아무튼 주말'의 김두규 우석대 교양학부 교수의 『국운풍수』를 읽고 영화를 보러 갔다. '파묘'는 무덤을 파헤친다는 얘기고 이건 풍수에 관한 얘기구나 생각했다.

얼마 전에 시어머니가 돌아가셨다. 27년 전에 돌아가신 아버님과 합장하기 위하여 아버님의 묘를 파묘하고 화장하여 국립산청호국원으로 모시기로 하였다. 장례를 주관하는 사람이 직접 일을 하였고 자손은 보지 않는 것이 좋다고 하여 사진으로만 유골을 보았다.

묘 때문에 집안에 우환이 생긴다거나 후손들이 묘지를 관리하기 불가하거나 할 때 파묘를 한다는데, 참전 용사이기에 호국원에 모시겠다고 하는 것도 결국엔 훗날 후손들의 묘지 관리를 편하게 해 주려는 의도가 들어 있었다.

영화 '파묘'는 LA에 사는 한국인 재벌 집안에 대물림되는 우환이 위로 두 아이를 잃고 다시 갓난아기까지 이름 모를 병으로 위태해지자 '묫바람'으로 진단하는 젊은 무당의 말을 듣고 파묘하기로 하면서 시작된다.

'묫바람'은 동기감응설을 전제로 한다. 살아있는 사람은 땅속 생기 위에 자리 잡고 살아가면서 그 기운을 얻는 반면, 시신은 땅속에서 직접 생기를 받아들이기 때문에 더 크고 확실한 생기를 얻게 되며 이렇게 해서 얻는 생기는 후손에게 그대로 이어진다고 하여 동기감응同氣感應이라고 한다. 조상 유골이 좋은 곳에 모셔져 있으면 후손이 좋은 기운을 받아 명당 발복이 되며, 반대로 나쁜 땅에 묻히면 집안에 불운이 닥친다는 것이다.

영화 '파묘'에는 쇠말뚝에 대한 얘기가 살짝 등장한다. 유교를 근간으로 하는 조선의 사대주의 풍수관의 바탕은 곤륜산에 있다고 한다. 곤륜산에서 3개의 지맥이 중국으로 뻗으며, 그 하나가 백두산을 거쳐 한반도로 이어진다는 관념이 있었다. 곤륜산은 시조, 백두산은 중조, 삼각산은 할아버지 산이 되어 신성한 지맥에 쇠말뚝을 박으려 했다는 것이다.

일제강점기 시절 일제가 우리나라 곳곳의 지기가 강한 곳에 쇠말뚝을 박아 지기를 끊으려 했다는 얘기가 사실로 여겨져 내려왔다. 가끔씩 어느 산에서 쇠말뚝이 발견되었다는 뉴스를 들을 때 쇠말뚝설이 사실이었나 보다 생각했었다. 이승만 대통령의 일생이 완전히 왜곡되어 전해 내려온 사실처럼 역사의 진실은 정말 제대로 알아야 하고 전해져야 할 일이다. 영화에도 나오는 팔뚝만 한 쇠말뚝은 1895년에 일본 정부가 200여 명의 측량사를 보내 조선 땅을 측량할 때 기준으로 정하는 세 점, 삼각점에 쓰인 쇠말뚝이다.

무라야마 지준(1891~1968)이라는 실제 인물은 총독부 촉탁으로 조선에 왔다가 민속 관련서 10여 권과 『조선의 풍수』라는 책을 펴냈고 가업인 일본의 '묘코지'라는 절의 주지직을 승계하기 위해 1941년 귀국했다. 조선의 풍수는 이 책 덕분에 전해진다고 한다. 영화에서는 '무라야마 쥰지'라는 이름으로 술수나 부리는 음양사로 둔갑하여 등장한다.

동양의 전통적 사고에서는 자연과 인간에게 나타나는 모든 현상을 '기'라고 보았다. 그래서 죽은 사람이 묻힌 땅에서 나타나는 '기'로 집안의 번성을 기원하기도 했지만, 살아있는 사람이 받아들이게 될 '기' 역시 중요시되었다. 사람들이 길지를 찾는 것은 그 길지에 집을 짓고 살면 잠을 잘 때 좋은 '기'를 받아들일 것이라고 믿기 때문이다. 아무리 길지라도 심보를 나쁘게 쓰는 사람이 산다면 '기'가 올바르게 작동하진 않을 것 같다. 또한 묘지에 묻혀 있는 죽은 사람의 유골의 기를 받아 살아있는 사람에게 옮겨지기까지 발복을 기다리며 헛된 욕심 부리지 말고 자기 그릇대로 살아야 한다는 교훈으로 받아들이면 좋을 것 같다.

요즘은 시신을 매장하지 않고 화장을 해서 뼛가루만 모시니 좋은 지기가 발동할 동기감응도 없어졌다고 본다. 풍수도 세월 따라 현대적으로 바뀐다. 먼 곳의 산이 아니라 자기가 사는 곳의 진산이 중요하다는 주장이다. 서울은 삼각산, 부산은 금정산, 대구는 팔공산, 광주는 무등산이 진산이라고 한다. 산청은 경상남도이니 같은 경상도 권역이라고 마음을 다독인다. 두 분의 명복을 다시 빌어본다.

환승역 차표

  광장 같은 환승역에 서면 내가 빠져나온 길 외에도 어디론가 갈 수 있는 출구가 많다. 이렇게 많은 길 중에 어느 길이 내가 갈 길인가를 찾아야 할 때 신경이 바짝 쓰인다.

  어딘가로 가고 어딘가에서 오는 사람 물결이 쉼 없이 일어나는 환승역은 출발과 도착의 지점이요 만남과 소통의 공간이기도 해서 자글자글 끓는 주전자 속의 물을 보는 듯 소란스럽다.

  복잡하게 얽힌 길 위의 길, 길 아래의 길에서 길게 늘어서서 에스컬레이터를 오르내리는 표정 없는 사람들, 소리 없이 열리는 사각의 철문은 알 밴 생선의 배를 가를 때 한꺼번에 쏟아져 나오는 내장처럼 꾸역꾸역 사람들을 토해낸다.

  환승역에서 헤매지 않고 수많은 출구 중에 자신이 가야 할 하나의 길을 볼 줄 아는 노련한 사람은 아마 그 길에 익숙한 사람일 것이다. 오랜 세월 한 길만 걸어 온 사람이다. 반면에 아직 어디로 갈 것인지 정하지 못한 사람도 있을 것이고 갈 곳이 어딘지 모르는 사람, 아예 갈 곳이 없는 사람은 모두 깜박거리는 황색 신호등에 머물러 있다.

이모작 시점에서 어디로 환승해야 무사히 인생 전환기를 맞이하고 진행할 것인가. 마음속 공간의 떨림까지는 바라지 않더라도 후회 없이 마무리는 할 수 있는 이모작 인생이길 바라는 마음은 누구나 같을 것이다. 어디로 가는 차를 타야 할지 결정해야 할 때 온전히 자신의 의지로 선택해야 한다.

주변의 누구라던가 아니면 자식을 위한 희생만으로 뭉쳐진 차를 타고 왔다면 환승역에선 더욱 나 자신을 위한 길을 선택해야 하지 않을까. 마지막 차표 한 장을 나만을 위해 쓰는 용기를 가져보는 것이 필요할 것 같다.

곧 도착할 차를 기다리며 '원 웨이 티켓'을 흥얼거린다. 젊은 시절은 닫히려는 차 문 안으로 급히 돌진하여 들어서고 나서 놓치지 않았다는 안도감에 작은 성취감을 맛보곤 했다. 떠나려는 차를 굳이 잡으려 하지 않고 다음 차를 기다리는 여유를 부리는 지금도 마지막 환승역에 서 있다고 생각하고 싶지는 않다. 노리끼리 하게 익어가는 호박 속 같은 달큰한 맛이라고 애써 비유해 본다.

늙은 세포와 젊은 세포를 동시에 독성 물질을 투여하면 방어 기제가 강한 늙은 세포가 살아남는다고 한다. 노화 현상은 죽음의 전 단계가 아니라 생명체가 살아남기 위한 적응의 결과라고 한다면 노년의 환승역의 문이 회색이 아닌 환한 금색이라고 생각할 수도 있지 않겠나 싶다.

언젠가는 혼자서 멀리 떠나보는 환승역 차표를 꼭 손에 넣고야 말 것이다. 수많은 관계와 관계 속에서 벗어나는 일탈은 어떤 맛일까. 언젠가 단체로 갔던 독일 기행에서 광활한 자연의 풍경은 누군가 슬쩍 한쪽 소매라도 당긴다면 주저앉고 싶을 만큼 매력적이었다. '영 올드', '下노인'에서 '올드 올드', '上노인'이 되기 전에 해 보리라 꿍꿍이를 짠다.

숨바꼭질

　새벽엔 홑이불을 끌어다 덮어야 할 정도로 조석으로 찬 기운이 돈다. 여름이 갈 무렵에 옥상에 심은 배추 모종이 시퍼렇고 넓적한 몸집으로 통을 꽉 재우고 있다. 내 손으로 키운 결과가 나도 믿기지 않는다. 경험이 선생이었다.
　작년에는 처음으로 심어 본 배추를 정체도 모르는 애벌레들한테 포기째 몽땅 내어줬다. 농부는 부지런해야 하고 하늘의 천기도 알아야 하고 계절도 꿰뚫고 있어야 하는데 아무리 농사에 문외한이고 심심풀이였지만 어이없는 결과에 속으로 끙끙 앓았다. 이렇게 몇 포기 안 되는 채소를 손쓸 수도 없이 잃었다는 것이 창피했고 흙한테 미안했다.
　올해 다시 배추 몇 포기를 심었다. 곰곰이 배추 생각을 하다 보니 퍼뜩 시동생이 했던 말이 떠올랐다. 새벽에 나와서 잎을

뜯어 먹으니 그때 잡아야 한다는 것이다. 새벽마다 옥상에 올라 갔다. 아직 어둑한 때라 돋보기를 챙기고 스마트폰 불빛을 환하게 켰다. 걸리기만 해 봐라 하고 눈에 불을 켰다.

애벌레와의 숨바꼭질이 시작되었다. 배추가 퍼런 잎이 넓적해 질 때쯤 잎에 작은 구멍이 숭숭 생기기 시작했다. 애벌레는 잘 보이지도 않았다. 오늘 몇 마리 잡았는데 다음 날은 어제와 다른 모양의 구멍이 또 숭숭 뚫려있다. 갈수록 구멍이 커지기도 했다. 잎을 먹고 크게 자란 애벌레가 구멍을 내어 가며 먹고 있는 것이 눈에 띄어 요놈아 반갑다고 잡아냈다. 오늘 분명히 보이는 대로 다 잡았는데 다음 날 가서 뒤지면 또 보인다. 못 보고 놓치는 것은 없는지 사각지대가 있는 것은 아닌지 잎을 살필 때 마음이 조마조마하다. 이렇게 열심히 술래를 한 기억이 없다.

글을 쓰고 읽어보고 밀어두었다가 또 읽어보고 퇴고를 하는 작업을 계속하는 것이 문학인의 사명이다. 문장과의 숨바꼭질이 계속된다. 썩 마음에 든다고 하지는 못해도 내 글이니 표현하고자 한 바가 대충 드러났으면 거기서 술래를 그만 두는 일이 잦아졌다. 그렇게 얼마간 흘러간 것 같다. 첫 출판 후 해이해진 상태가 이어진 것이 아닌가 싶기도 하다.

이번에 출판을 위해 교정 작업을 들어가 보고 부끄러워 고개를 들 수가 없었다. 나태해진 나의 민낯을 보았다. 초심의 근원에서 한참 먼 곳에 서성이고 있었다는 것을 알게 되었다. 숨바꼭질조차 할 생각을 하지 않았다는 생각이 났다. 경남정보대 성인반에 들어가 새로 배우고 있는 디카시, 몇이 모여 진행하는 미션크루의 시조도 요즘에서야 패턴이 생겨 계속하는 공부다. 돌아보니 텅 빈 마음으로 머릿속은 아무 생각 없이 멍하게 눈앞에 보이는 대로 먹고 자고 배설하는 행동만 되풀이하고 살아온 모습이 보인다. 생에 어떤 충격파가 있었던지는 개인의 사정이고 핑계다. 책임 있는 문학인이지 못했다.

숨바꼭질에서 중요한 것은 숨어있는 것을 찾아내는 능력뿐 아니라 찾으려는 의지와 끈기다. 작은 배추벌레를 잡아내기 위해 나는 세심하게 들여다보았듯이 글속에 숨겨진 뜻을 찾아내기 위해서도 그만큼 집중과 시간을 들여야 한다는 것이다. 어쩌면 우리 삶도 동일하다. 무언가를 찾아내기 위해 잠시 멈추어 주의 깊게 살펴봐야 하는 순간이 필요하다. 숨은 진실과 의미는 우리가 눈을 크게 뜨고 마음을 열고 다가가기를 기다리고 있을지도 모른다.

딱 맞아 떨어지는 정답

요즘 동네 놀이터는 어린이 보기가 어렵다. 어른이 유치원인 주간보호센터까지 갈 필요가 없는 노인들이 어린이 놀이터를 점유하는 시간이 많다. 모르는 사람끼리 대화도 하고 운동기구를 이용하기도 한다. 결혼과 출산이 후순위로 밀려나간 결과는 동네 놀이터를 어른이 놀이터로 자연스럽게 바꾸어 놓았다.

베이비부머 세대는 효를 중요시하는 시대를 살아왔다. 어른 공경하고 모든 일에 부모님을 최우선으로 놓았다. 윗대로부터 학습된 결과다. 자식들에게도 그런 효를 받을 것을 당연하게 여기며 자신은 굶어도 노후자금까지 끌어다 유학시키고 사업자금 대 주고 결혼자금까지 대 주었다. 내가 쏟은 사랑만큼 은근히, 아니 당연히 자식에게 받으리라 기대하며 살아왔다.

그로부터 40여 년이 지났다. 사회가 급격히 변화하고 가족

문화가 바뀌면서 베이비부머 세대는 낀 세대가 되었다. 노인 공경과 자식 뒷바라지에 온 힘을 쏟은 결과는 가진 것 없어 자신의 노후를 보장할 수 없고 백세시대를 사시는 부모 공경은 여전히 책임으로 남게 되었다. 공들여 키운 보람을 자식에게 강요조차 할 수 없는 사회현상을 보며 시대가 바뀌었음을 절감한다.

 부모에게 돌봄 받은 만큼 해 드릴 수 없는 사회 여건에 아랫세대도 마음이 불편하다. 가족을 사랑하는 마음의 본질은 결코 변하지 않는다. 어디선가 주워들은 암담한 말들이 현실과 맞아떨어지면서 결혼과 출산의 걸림돌로 작용한다. 이기적인 힘이 나를 지배하게 되고 가족이 있기에 힘들 때 견딜 수 있다는 사실보다는 가족으로 인해 살기가 힘들다고 느낄 때도 있다. 가족이란 늘 좋은 관계만 유지되는 것이 아니고 때론 불편하다는 진실이 드러나기 시작한다.

 농자천하지대본이었던 시골 살림을 겪어 본 젊은 세대는 존경하는 부모에게 도움을 받기보다는 이제는 용돈을 드려야 한다는 것을 안다. 결혼을 하지 않는 자식을 안타깝게 생각하는 것을 알지만 결혼 적령기 청년들의 생각은 이것저것 재어 보고 난 후 결혼을 안 하는 것이 답이라는 결론을 내리는 것 같다.

 옛날에는 분가를 아예 생각지도 못하는 시대도 있었다. 결혼이란 따로 가정을 꾸리는 것이기에 독립된 가정이다. 성공한 꼰대들은 분가한 자식도 나에게 딸린 가족의 일부라고 보는 시선이 강하다. 그런 꼰대는 부모가 더 우위라는 개념도 가지고 있다.

젊은 세대는 기성세대의 간섭을 원하지 않는다. 시어른이 예고 없이 방문하는 것을 노골적으로 싫어하기도 한다. 싫은 것을 싫다고 당당히 말할 수 있는 사람은 스트레스가 덜하다고 한다. 차츰 가족 해체가 이루어지면서 약삭빠른 젊은이들은 노후 준비가 안 된 부모가 있는 사람은 아예 결혼 대상에서 제외시킨다고 한다.

물질적인 것과 상관없이 어떤 상황에도 부모를 등질 수 없다는 효를 아는 젊은 세대도 있다. 옛날의 대가족 풍습이 남아있는 집들의 가정교육은 이 복잡다단한 시대에 변하지 않는 것은 무엇인지 자연스럽게 몸으로 기억하게 한다.

다섯 살 손녀를 데리고 집 앞 놀이터로 나간다. 삼삼오오 모여 앉아 얘기 중인 초면인 할머니들에게 '안녕하세요.' 인사를 하고 놀이기구를 탄다. "아이구 예뻐라, 조그만 아기가 벌써 저렇게 컸네~" 할머니들이 손녀를 보고 활짝 웃으며 대답한다.

어쩌다 보니 아들 식구는 일층에 딸 식구는 이층에 함께 살게 되었다. 손주를 언제쯤 볼 수 있나 날짜를 챙길 필요가 없다. 가족은 흔들리지 않는 단단한 힘을 가졌고 서로 믿고 '함께'하면서 생기는 정이 더욱 다져짐을 느낀다. 서로 소통할 수 있는 어떤 형태의 가족이라도 여럿이 모여 살아가는 것은 건강한 사회를 위한 바람직한 방법이라는 생각에 변함이 없다. 가성비와 가치를 따지는 젊은 세대가 가족을 꾸리는 일에 매력을 느끼도록 딱 맞아 떨어지는 정답은 어디에 있을까.

나의 놀이터

　색연필화, 드로잉화, 인물화, 캘리그라피, 수채화 등등 요일별 시간별로 동 주민센터 평생학습 프로그램은 접수 첫날 10분 안에 마감이 된다. 사주, 타로, 점성학 도반들과 또 그렇게 취미로 배운 공부가 몇 년째다. 수강생은 거의가 오십대부터 칠십대까지로 시니어 전성시대다.
　갑진년 올해, 취미가 아닌 또 다른 차원의 놀이를 다시 하게 되었다. 이게 맞나? 해낼 수 있을까? 할 수 있다! 사이에서 어렵게 용기 한 스푼 더 내고 발 디딘 결과 명색이 디지털문예창작과 학생이 되었다.
　평일 목금 오후 반은 늦은 시간이 부담스러워 주말 반을 택했다. 토요일에 출석하여 아침부터 저녁까지 수업을 듣는다. 세상을 웬만큼 살아온 시니어들이 전국에서 모였다. 오십대부터 칠십대 중반까지의 나이에 새롭게 도전하며 변화를 꿈꾸는 이들에게서 나 역시 힘을 얻는다.

집에서 50분 거리의 센텀시티 지하철역을 빠져나온다. 경남정보대 센텀캠퍼스로 수업을 하러 가는 발걸음이 가볍다. 수업 첫날, 이 거리에만 넘실대는 공기가 내가 사는 곳과 다른지를 느끼려는 듯 야금야금 맛보는 이방인 같은 느낌이 생소했다. 면대면 수업을 아예 못 했던 몇 년 전의 사태를 생각하며 걷는다. 이어폰까지 끼고 당당하게 걷는 발걸음의 내면은 돌아서면 잊어버리는, 치명적으로 불리하게 작용하는 기억력 되살리기에 열심인 중이다.

오래전에 손에서 놓았던 공부는 빡빡한 스케줄이 병목 현상이 되어 답답한 것도 잠시 가랑비에 옷 젖듯 대학 생활에 익숙해진 내 모습을 본다. 세포가 깨어나는 것 같다. 역시 젊어졌다.

가장 흥미롭던 '사진 기초실습' 시간은 평범하게 보던 사물을 작품으로 보는 눈을 갖게 하고, 토익반의 특강을 한 번도 빼먹지 않으면서 느끼는 도전하려는 내 용기는 이기심이라고 할 수도 있는 강한 자기애에서 나오는 것 같다.

4월 말엔 긴장 속에 중간고사를 쳐내고 5월 하순엔 냉정 본교에서 명랑 체육대회가 있었다. 타 과에도 시니어들이 많이 보였다. 세상의 중심이 인생 후반기의 연령대로 옮겨진 듯 고령 사회 현실을 체감한다. 동심으로 돌아가 한마음이 되어 달리고 응원했다. 5월의 하루를 함성을 지르며 아이처럼 즐기니 사람 사이가 무장 해제되는 것 같다.

'문장 강화실습'에서는 찰떡같이 들어맞는 문장쓰기를 배우며, '시 창작 실습'에서는 시 창작이론과 디카시를 배운다. 사진시와 구별되는 디카시는 디카(디지털카메라)와 시詩의 합성어로 디지털카메라로 찍고 써서 영상과 문자가 한 덩어리로 된 멀티 언어 예술이다. 전 세계의 많은 사람들에게 전파되었으며 그 시작의 역사는 이십 년이 넘었고 우리나라가 원조라는 사실에 자부심을 느낀다. 산전수전 공중전을 다 겪은 시니어들에게 긴 역사를 가진 디카시는 새로운 도전 영역이다. 모든 공모전에 도전하고 쾌거를 이루는 학우들의 모습은 절대 뒷방 노인이 아니다.

2학기가 되었다. 방학 동안 못 만났던 동기들을 만나며 다시 활기찬 대학생으로 돌아가 과제에 끙끙대고 중간고사, 기말고사에 머리를 쥐어뜯으면서도 깊은 고민은 없는 눈치들이다. 이 또한 행복이기에. 여전히 '삽화 디자인' 시간에 배운 숏폼 동영상 배워서 올리기는 머리에 쥐가 내렸지만 성취감은 대단했다.

캐나다의 음유시인 코언의 「성가」라는 시에 '지나간 그 무엇과 아직 있지도 않은 그 무엇에 신경 쓰지 말기를, 모든 것에는 갈라진 틈이 있기 마련이다. 그 틈새를 통하여 반드시 빛이 들어오리니'라는 부분이 눈에 띈다. 무식하게 꾸준히 하는 재주만 있는 나는 지금도 여전히 돌아서면 잊어버리기도 한다. 세상의 모든 일에는 다 이유가 있다고 생각한다. 절제와 조화의 덕을 아는 액티브 시니어들에게 경남정보대에서의 배움은 또 다른 이유가 있을 것이라고 생각한다.

간이역

　뛰어난 건축 기술을 자랑하는 현대식 역은 역이라는 느낌 보다는 관공서에라도 와 있는 느낌이 들 때가 있다. 팔도 공기가 다 모여 있는 것 같아 수선스럽기도 하다. 대도시 역의 에스컬레이터는 웅웅거리며 어서 타라고 성화를 부리는 것 같다.
　간이역의 이미지는 낡아 있다. 긴 나무 의자에 삼삼오오 앉아 정물이 되는 여행객들이 잠깐 졸고 있는 시간조차도 아름다운 풍경이 된다. 시간이 되면 개찰구 안으로 흐르듯 들어가기도 하고 무심한 표정으로 개찰구를 빠져나가는 몇 안 되는 사람들은 역을 주인공으로 하는 조연이 된다.
　요즘은 사라져 가는 간이역을 문화 공간으로 탈바꿈 시켜 놓은 곳이 많다. 기차가 서지 않으므로 아무런 기대 없이 왔다가 뜻밖의 무언가를 얻어 갈 수 있는 재미를 선사한다. 복잡한 사회생활 속에 잠시 힐링을 하고 싶을 때 혼자라도 조용한 간이역을 찾아가 보고 싶은 호기심이 있다. 호젓한 풍경을 감상하는 보너스가 기다리기도 할 것이고 기분 좋은 고독감을 느끼기에 충분할 것이다.

겨울의 캄캄한 첫 새벽, 천천히 들어서는 기차가 보이면 함께 섰던 싸늘한 어둠을 떨쳐 버리고 싶은 기억. 손에 든 짐을 다시 고쳐 잡고 밝은 기차 안으로 오른다. 기차가 떠난 자리는 바람만이 휑하고 산골 아낙의 보따리에 묻혀 온 맑은 공기 한 자락은 떠나가는 기차 꽁무니를 따라 공중으로 흩어진다.

옛 사람들의 이별 정경을 생각해 본다. 방 안에서 안타까운 이별을 하고 마당에 나와서도 헤어짐이 아쉽다. 그러고도 대문을 나와 한참을 누가 떠나는 사람인지 누가 보내는 사람인지 모르게 길어진 배웅은 동구 밖까지 나오게 되고 동구 밖은 간이역이 된다. 긴 이별의 장면이 아름답게 마무리되는 곳이다.

잠깐 숨을 고르는 쉼터 같은 간이역. 화려하기보다는 소박한 간이역. 간이역처럼 덩그러니 서 있는 시골의 버스 승차장도 비슷한 면이 있다. 한 시간에 한 번 지나가는 버스를 타기 위해 미리부터 나와서 기다려야 하는 정류장. 자칫 놓쳐버리면 다시 한 시간을 기다려야 하는 버스 승차장은 뽀얀 먼지를 일으키며 달려오는 버스에 몸을 싣기까지 기다림을 가르친다.

올 때 혼자 온 출발역, 갈 때도 혼자일 수밖에 없는 종착역. 잠시 거쳐 가는 간이역에서 잠깐 기대었다가 다시 혼자 떠나야 하는 인생의 간이역은 직행으로 너무 잘 나간다거나 논스톱으로 달리는 인생길에서 자기를 되돌아보기도 하는 보약 같은 역이다.

해 질 녘의 작은 역 안에는 햇빛이 사선으로 비쳐들어 역 구내는 낡은 먼지들이 빛 속에 춤을 추는 것이 보인다. 열차 도착 시각이나 다음에 떠날 열차 시각을 천천히 읽을 수 있는 여유가 있다. 간이역에서는 시간이 늦게 흐르는 나라에 온 듯 모든 것이 느리게 움직이는 것 같다. 간이역은 어쩌면 가을과 잘 어울릴 것 같다. 하늘거리는 코스모스의 손짓에 넘어가고 싶다.

운수 좋은 해

　시크릿secret은 비밀을 뜻하는 영어 단어이다. 이 책의 띠지에는 '수 세기 동안 단 1%의 사람들만이 이 미묘한 차이를 알았고, 그래서 그들은 특별해졌다.'라는 글이 다른 글보다 좀 더 큰 글씨로 쓰여 있었고 나는 이 글을 기억하고 있었다.

　우리 속담의 '입이 보살이다.'라는 말과 일맥상통한다. 살다 보면 복잡하고, 어렵고, 힘든 모든 난관에 부닥칠 때가 많고도 많다. 그럴 때마다 부정적인 말을 내뱉지 말라는 뜻이다. 사실은 실행하기 어려운 일이다. 입에서 나오는 그 순간의 말은 너무나 간절한 말이기 때문에 온몸의 기가 말이 되어 나오는 순간 주변의 기와 합해지며 횟수를 거듭할수록 기는 쌓여가고 뱉은 말대로 되어버린다는 의미다.

　사람이 최악의 순간을 겪게 되면 나약한 인간이기에 빌 수 있는 모든 신을 찾게 마련이다. 길고 길었던 그 고비를 지나오면서 관세음보살을 찾고 나무아미타불을 읊던 간절했던 기억을 잊을 수 없다.

화훼 농사를 이십 년 넘게 지었다. 별 탈 없이 잘 지내다가 산업단지가 들어서게 되자 땅주인의 마음이 바뀌었다. 잘 지내던 이웃사촌이 보상 금액 때문에 하루 사이에 안면몰수의 관계가 되었다. 이런 문제는 비단 우리뿐만이 아니라 전 농촌 지역에 비슷하게 산재한 문제였다. 복잡하고 돈이 드는 재판까지 가지 않으려는 임차인들은 대체로 땅주인의 뜻대로 하우스를 뺏기고 보상도 제대로 받지 못하며 울며 겨자 먹기로 밭을 이전해 나가는 수순을 밟는 것이었다. 땅주인은 우리 재산권에 대한 가압류를 걸어 기나긴 심적 고통이 시작되었다.

땅주인은 변호사를 사서 민사 재판을 걸었고 우리도 변호사를 샀지만 조정하라는 판결에도 해결이 안 났다. 변호사가 재판정에서 아무 말도 안 한다는 사실은 충격이었다. 1심에서 패소하기까지가 너무나 길어 진이 다 빠졌다. 모든 힘과 시간을 쏟아 부은 것이 너무 억울했다. 변호사도 없이 항소를 했다.

남편의 지인 중에 행정사가 있어 그의 도움을 받아 법률적인 자문을 많이 받았다. 재판 기일이 다가오면 잠도 달아나 버리고 느직하니 체한 것 같은 증상으로 식욕도 사라져 버렸다. 온 신경은 재판이 어떻게 될 것인가에 가 있다. 인간이 망각의 동물이 아니었다면 뇌가 터질 수도 있었을 것이다. 생각날 때마다 '이긴다'를 적으며 입 밖으로 "이긴다."라며 주문 아닌 주문을 걸었다.

생소한 법정에서 뭐가 뭔지도 모르겠고 떨리는 마음과 긴장 속에 정신없이 앉았다 오는 일이 두어 번 있었다. 무척 후회되고 나한테 화가 났다. 이래선 안 되겠다 싶어 다음 재판에선 판사에게 하고 싶은 말을 꼭 집어서 조곤조곤 말을 했다. 끝까지 다 들어주는 판사가 고마웠다. 속이 좀 후련했다. '이긴다.'는 주문은 어느 신에게 하는 것보다도 설득력이 있었는지, 좋은 판사를 만났는지 2심은 승소를 했다.

여태까지의 기간이 너무 힘이 들어 2심에 이긴 것으로 더 이상 재판이 어찌 되든 손을 놓고 싶었다. 2심에 이긴 것으로 소원 풀이를 한 것 같았다. 아직 끝나지 않았으니 항소할 거라는 예측은 했다. 대법원이라는 글자만 생각해도 다가갈 엄두가 안 나고 변호사비는 엄청 비싸다는 말도 들었다. 대법원 사무실에 전화해서 물어보니 변호사가 없어도 법률로만 판결을 내린다고 한다. 원고들 부부는 역시 대법원에 상고를 했고 우리는 또 변호사 없이 상고 이유서를 보면서 각 번호마다 반박 이유를 써 나갔다. 임대인들의 주장이 왜 틀리는지를 법률 조문을 끌어대어 답변서를 적어내려 갔다.

  사회 정의가 실현되려면 옳고 그름이 어떻게 판결이 나야 되는지, 농촌의 현실과 농민들의 불이익에 대해 적었고, 앞으로 농민들이 편한 마음으로 농사를 지으며 살기를 바라는 마음이라는 글로 끝을 맺었다. 내가 이런 글을 쓰려고 국어국문과를 나왔던가 하며 알 수 없는 운명을 생각했다. 인생은 과거와 현재와 미래가 신이 짜 놓은 판에서 노는 것인가 싶었다.

  하늘에 맡겼다. 전전긍긍의 시간들이 흘러갔다. 대법원에서 온 승소 판결문을 읽자 올해 운이 엄청 좋았구나. 하늘이 도왔구나. 드디어 끝이 났다는 생각만 날 뿐 기쁘다는 느낌이 없었다. 5년이 넘게 걸렸다. 그동안 수도 없이 입으로 외고 썼던 '이긴다'의 시크릿을 생각했다. 긍정의 마음은 자신을 향한 믿음이고 정의를 믿고 기운을 내기 위한 주문이었다. 이긴다, 이긴다, 이긴다, 이긴다, 이긴다….

  현진건의 「운수 좋은 날」이 떠올랐다.

사랑의 자판기

　자판기를 보면 술 생각이 난다는 사람이 있고 어머니가 생각 난다는 사람이 있다. 엄마가 생각난다는 사람은 어머니가 다락에서 선반 위에서 요술쟁이처럼 그때그때 뭐든지 내어주시던 기억을 떠올렸기 때문일 것이다. 술 생각이 나는 사람은 자판기에서 종이컵에 쪼르륵 떨어지는 물소리가 술이었으면 하고 생각하는 애주가가 아닐까.

　옛날에는 아버지나 오빠들의 권위 아래 전용 잔심부름꾼 노릇을 하는 사람이 꼭 엄마나 누이였다. 기계도 스스로 돈을 받고 물건을 파는 요즘 세상에 여보 담배~, 여보 재떨이, 아무개야 물 좀~ 하다가는 한 끼 굶을 일이 생길지도 모르겠다.

　단 몇 백 원으로 선심 쓰기에 적당한 자판기는 누구에게 부탁하지 않아도 차 한 잔을 손쉽게 입맛대로 골라 마실 수 있고 우연히 만난 이웃에게 편하게 한 잔 권할 수도 있다. 차 한 잔이 사람의 마음을 잔잔하게 한데 어우러지게 한다.

평소에 자주 마시지는 않지만 집안 행사가 있는 날은 3박자 (커피, 설탕, 프림) 인스탄트 커피를 미리 준비해 놓는다. 커피를 찾는 사람이 있기 때문이다. 주로 겨울철에 행사가 많은데 어느 날 깜박 잊고 커피 준비를 못했다. 우리 집은 주택가에 위치하고 있고 옆집 대문 앞에 자판기가 놓여있어서 쟁반을 들고나가 예닐곱 잔을 빼왔다. 예닐곱 잔을 뺄 동안 먼저 컵에 담긴 커피는 많이 식어 버렸다. 손님 대접을 깔끔히 마무리하지 못했다.

일회용이란 원래가 버려지기 위해 탄생하는 것이다. 종이 냄새와 커피 냄새가 섞인 자판기 커피의 맛은 묘하게 빠져드는 일회용 맛이 있다. 꼭 종이컵이라야 하는 자판기 커피는 마시고 버려지는 순간까지가 일회용임을 확인시켜 준다.

10원짜리 50원짜리를 골라서 자판기 입에다가 천천히 넣는다. 꼴까닥 꼴까닥 삼키는 소리가 들린다. give and take. 동전을 다 넣기 전에는 절대 컵을 주지 않는다. 두뇌가 명석한 녀석이다. 보지도 않고 돈이 다 들어왔다는 것을 확인하고 정확하게 꼭 돈 낸 만큼만 따라준다. 10원도 더 가지지 않는다. 거스름돈도 정확히 계산되어 나온다. 인정머리는 없을 것 같다.

오래된 자판기는 간혹 치매 걸린 노인네와 같은 행동을 하기도 한다. 돈만 먹고는 뭘 해야 할 지 잊은 듯 시침 뚝 떼고 서 있다. 돈을 넣은 사람은 자판기를 두들긴다. 자판기는 아무런 반응이 없다. 장시간 노동에 쉬고 싶었을까. 속에 꽉 찼던 커피의 유혹적인 향과 달콤한 설탕과 프리마를 규정대로 내 주다가 어느 하나가 부족하면 3박자가 안 되니 내놓지를 못하는 모양이다. 한 잔을 뺐는데 동전도 같이 땡그랑 떨어질 때가 있었다. 금 나와라 뚝딱도 안 했는데 웬 횡재? 슬그머니 동전도 챙겼다.

어떤 부모들은 자판기처럼 평생을 자식에게 도깨비 방망이처럼 내어 주기만 하고 살기도 한다. 더 내어 줄 것이 없어지면 어디로 치워져야 할 고장 난 자판기와 같은 처지가 된다.

단단한 갑옷으로 무장을 하고 강한 듯 서 있는 자판기 앞에서 우선 서로 눈을 마주치고 나서 한 곳을 꾹 누른다. 늘 혼자 서 있는 풍경이었다가 살짝 건드려주기만 해도 즉각 반응하며, 다가와 만져주는 이가 고마워 눈물을 주르르 흘린다. 너 참 단순하고도 헤프다. 너 많이 외로웠나 보다.

3부

#디카시

물멍

생각, 또 한 생각
지운다
없을 무

- 윤미화

무덤 친구

우리나라에는 일본처럼 고령자 주택이라는 것이 아직 없으니 생소한 단어다. 대체로 70 중반이 넘어가면 준비를 하는 시기라고 느껴진다. 친구와 무덤에 같이 묻힌다는 일본 고령자들의 무덤 친구. 그것도 삶을 마감하기 위해 모인 친구들이라니.

고향도 살아온 내력도 다 다른 남남끼리 삶을 마감하게 되면 화장한 육신이 같은 무덤에 합장하게 된다 해서 무덤 친구라고 한단다. 납골당 친구라는 말이 이해가 쉽겠다. 죽고 나서 무덤을 돌봐주기를 바라지 않아도 되니 가족에게 부담을 주지 않게 되어 가장 선호하는 이유인가 보다. 일본인의 평소 생활 철학 '메이와꾸', 남을 배려하고 폐 끼치지 않기가 생을 마감하면서도 이어진다.

합장묘가 어떤 형태인지, 몇 기씩 함께 들어간다든지 하는 규정은 잘 모르지만 일본에는 이미 합장묘 두 곳에 100여 명이 안장되었고 묫자리로 점찍은 계약자만 256명이라 한다. 더 늘어나겠지. 노년의 생각으로는 그게 합당하다고 생각을 할 수도 있겠다. 고령자들의 고독사가 적지 않게 보도가 되는 우리나라도 곧 누군가가 시도하지 않을까.

주변에 대화를 나눌 사람이 없다는 것이 가장 큰 사회적 문제일 것이다. 아침에 눈 뜨면 맞이하는 누군가와의 아침 인사부터 낮에도 식사를 같이 하고 저녁에도 도란거리다가 잠자리에 드는 일상이 누군가에게는 자연스럽지만 누군가에게는 바랄 수 없는 요원한 일이다. 누군가에게 자연스러웠던 그 일도 언젠가는 혼자서 맞이해야 할 미래의 가장 큰 숙제다.

1인 가구가 많다. 젊은이나 노인이나 혼자 밥 먹고 혼자 소일한다. 노인 인구에 더 필요한 '남과 대화하기'는 일상에서 지워지고 있다. 건강이 허락하는 한 가족과 아니면 또래와 자연스럽게 친해질 수 있는 시스템이 마련되어 인간으로서 가장 기본적인 생활을 해 나가게 할 책임이 국가와 지자체에 있다.

같은 무덤에 누울 이들이 누구인지 궁금하여 미리 만나보는 점심 모임이 연 2~3회 열린다고 한다. 그저 밥만 먹고 끝나지만 서로의 인생에 관여하지 않아도 되는 편한 모임으로 인식되니 점점 모이는 회원이 많아진다고 한다. 사는 동안 기쁨이 되어 그 날을 기다릴 것 같다. 모르는 사람과 밥을 먹으면 긴장하거나 불편해서 소화가 안 될 때가 있는 경험이 있을 것이다. 곧 만날 인연이라고 생각되어 불편함이 사라진다고 한다. 대한민국 노인의 미래다.

유서 미리 써 보기가 유행할 때가 있었다. 우리도 한번 적어보자고 남편에게 말했더니 펄쩍 뛰던 생각이 난다. 그게 뭐라고. 조금 일찍 미래를 내다보고 준비하자는 건데. 유서 쓰기는 사후에 일어날 자신과 관련해 일어날 일을 미리 조치해 놓는 것의 일부다. 유산 상속, 장례 문제 등등.

초고령 사회인 일본에서 일상화되고 있는 종활(終活, 슈카쓰)은 개인적 활동에 그치지 않고 서로 친구를 맺는 관계로 발전하니 죽음을 준비하는 노인들이 살아있다는 느낌을 받고 있다고 한다. 이쯤 되면 그렇게 중요시하던 혈연도 아무 것도 아닌 것이 된다. 마지막이 아름답게 마무리될 수 있을 것 같지 않은가.

신의 프로그램

　미지의 세계는 달빛으로부터 시작되었다고 어느 동화책에선가 읽었는지 아니면 꿈을 꾸었는지 모르겠다. 달에 보이는 검은 점들은 토끼가 방아 찧는 전설 속 이야기 그림이었다가 스토리텔링이 되었다.
　사람이 태어나고 자라고 어딘가에서 뿌리를 내리고 살다가 왔던 곳으로 돌아갈 때까지 우리는 수도 없이 많은 시간들을 달을 바라보며 울기도 하고 웃기도 하는 삶을 산다. 좋은 일이 있거나 다행스럽게 넘어가는 일에는 조상이, 신이 돌봤다고 감사해 한다. 그럴 때 바라보는 달이 보름날이면 보름달의 정기라도 받은 결과인 듯 환하게 웃어주는 것 같고 조각달이면 싱긋 미소 한 번 날려 주는 듯 보인다.
　나쁜 일이 생겼다고 달을 탓하는 적은 없는 것 같다. 달은 신성한 하느님과 동격이기 때문에 좋지 않은 일이 생겨도 다시 달을 보며 두 손 모아 빌 뿐이지 달을 향해 원망은 쏟아내지 않는다. 달은 신과 동격이 되어 갔다. 토끼는 여전히 달에 있었다.

하늘의 무수한 별과 인간은 알 수 없는 질서에 따라 움직이며 인간은 감히 그 질서에 맞서려 하지 않는다. 하늘이 하는 일은 인간으로서 알 수가 없다. 나의 운명을 시작부터 마지막까지 관장하고 감독하고 채찍도 들고 시험도 하는 거역할 수 없는 기운이 우주의 거대한 흐름에 있다고 짐작한다.

전생의 성적표대로 살아가는 것이 이생의 주어진 길이라는 것을 한 갑자를 지날 때쯤이면 누구나 깨달아 지는 것이 자연의 이치다. 내 앞에 펼쳐지는 운명이 마음에 들지 않는다고 발버둥치는 사람이나 주어진 운명을 내 길이라며 받아들이고 사는 사람이나 신의 손바닥 안에서 놀고 있다.

비탈길인 줄도 모르고 힘들게 걷고, 한 치 앞도 모르는 인간이기에 죽을 둥 살 둥 최선을 다한답시고 살아간다. 피 터지게 싸우기도 하고 어려운 사람을 보면 외면하지 않고 뛰어들기도 한다. 정해진 인연을 만나 정해진 시간 동안 말하고, 정해진 시간만큼 먹고, 정해진 시간 동안 잔다. 신의 프로그램대로.

땅이 좋으면 배추는 달빛을 받아 옴팡지게 잘 자라고 무는 햇빛 아래 쑥쑥 하루가 다르게 커져 간다. 사람의 손길이 얼마나 더 가는지에 배추도 무도 일등급이 될 수도 삼등급이 되기도 한다. 왕대밭에 왕대 나고 쑥대밭에 쑥대가 나기 마련이니 타고난 성품은 변하지 않는 것이다. 배추가 무가 될 일은 없는 것이다.

전생과 이생을 계산하여 꼭 살아온 그만큼만의 대차대조가 이뤄지는 것을 우리는 순리라고 하는가 보다. 신의 프로그램은 그래서 공평하다. 전생의 계산서와 이생의 계산서를 플러스마이너스 하면 똑 떨어지는 것이 죽음 앞의 자신의 모습이다.

삶이 이렇게 무거운 줄을 살아보고야 알게 된다. 옆에서 도사리고 있었던 듯 죽음이 그렇게 쉽게 생을 채 가는 줄을 떠나보내고야 아는 것을. 다 전생의 성적표였다는 것을 지나간 후에야 알게 되니 어리석은 중생이라 하는가. 길게 보면 모두가 마지막으로 가는 길은 한 곳인데 아등바등 살아야 하는 과정을 반드시 거쳐야 하는 것도 사람이기 때문이었는가. 소중한 인연을 잃어보고서야 신의 프로그램이 눈에 설핏 들어오는 법이니 참으로 자연의 순리는 위대하다.

딸 귀는 대나무 숲

　백세 시대라지만 백 세가 다 된 어른과 함께 사는 일이 있을 것이라고 미처 생각을 못 했다. 백세 문화는 시나브로 진행되는데 함께 살아보는 백세 인생에 대응하는 마음은 늘 좌충우돌이다. 1921년생 음력 시월 열이튿날이 생신이니 2024년, 102세가 되셨다.

　한 해 또 한 해가 지나고 구순이 넘어가며 엄마가 백 세 가까이 살 것이라고 생각 못 한 사이 우리의 시각은 내리사랑 방향만을 향해 있었다. 그 나이까지 살아보지 않아서 일반적인 백수 노인의 의식 구조를 이해할 수 없고 이해되지 않는 부분도 있다. 스스로를 지키기 위함인지 아집처럼 보이는 엄마의 언행에서 혼자만의 세계가 굳건해졌음을 본다. 혼자서 잘할 수 있는 일본어 쓰기와 읽기와 염주를 돌리며 하는 기도로 시간을 죽이며 사신다.

　엄마는 저녁 8시가 되면 잠자리에 드실 준비를 하셨다. 새벽 5시면 세수하고 기도를 시작한다. 기상이 늦어지기라도 하면 덜컥 겁이 났다. 낮에는 앉아서 졸기는 해도 누워서 잠드시는 일이 없다. 주간보호센터에서 돌아오시면 굽은 허리로 현관 신발 정리를 하고 거실 탁자 위의 물건들을 보기 좋게 정렬을 하셨다. 시계를 자주 들여다보고 몇 시인지를 입으로 말을 하시면서 살아있음을 증명하는 듯 보였다. 그 순간조차 치매를 방지하려는 의도를 읽는다. 얼마나 다행한 일인가. 무슨 반찬이든지 맛있다고 잘 드시니 고마울 따름이다.

　지천명에 혼자되신 어머니는 허탈한 중년의 무게를 어떻게 견뎠는지 아무도 거기에 대해 생각해보는 사람은 없었던 것 같다. 어머니의 인생에 가장 밝고 화려하고 아름답다고 느낀 때는 언제였을까. 인생이 풍요롭다고 느낄 때가 있기는 했을까. 제 발등의 불길을 온전히 끄면서 살기 위해 엄마에 대한 신경은 차후의 일이었던 것 같다. 그때의 어머니 나이를 훨씬 넘어서자 이심전심이 된다.

　'큰아들이 없을 때면 방에서 냄새난다고 문을 못 열게 한다. 타지에서 직장 생활하는 손자가 잘 방이 없어 집에 못 온단다. 나와 둘이서는 절대 같이 밥을 먹지 않는다. 좋아하지도 않는 고구마를 저녁밥이라고 방에 디밀고, 귀가 어둡다고 남의 말이 안 들릴 테니 아예 말을 하지 말라 한다.' 딸은 듣고 고개만 끄덕인다. 아무에게도 말하지 말라는 당부가 따른다. 딸 귀는 대나무 숲이 된다.

 큰아들 집에 들어간 지 한 달도 안 돼서 며느리의 눈칫밥이 목에 걸리기 시작했다고 하셨다. 거슬릴 것 없던 평화로운 일상을 방해받는 일이 생기니 누구라도 그런 입장이 되면 그럴 수 있을 것이다. 편협이 이해 위에 군림하면 스트레스가 되는 법이다.

 눈치가 보여 아침 식사가 끝나면 아픈 다리를 끌고 동네 한 바퀴 돌기를 시작했다는 엄마. 자식이 여럿이라도 든든한 의지가 못 되어주고 며느리 복도 어쩜 세 개 중에 한 개도 없는 엄마. 평생 따로 살던 큰아들네 집에 다 늙어서 들어가야 할 입장이었을 때 큰며느리에게 해 준 것 없다며 당신이 어떻게 처신해야 하는지를 아셨던 것 같다. 모진 말을 들어도 철이 없다 여기고 속옷도 손수 빨며 마지막 자존심을 지키셨겠지. 손주 한 번 키워 준 적이 없으니 말할 권리도 없다고 참기만 한 결과 황달이 와서 입원까지 하게 된 것은 아니었을까 짐작만 한다. 사회성 있고 말씀도 잘하시는 분이 말을 참고 있으려니 오죽했을까 하는 소견은 팔을 안으로 굽힌다. 돈 없이 건강 잃고 오래 사는 것은 죄인이 되는 서글픈 시대다.

요양원의 나쁜 평판이 뉴스에 나올 때면 요양원의 엄마 걱정이 보태어진다. 살던 곳에서 돌봄을 받으며 노년을 사는 일은 언제나 이루어질까. 노년이 늘어날수록 슬픔을 견뎌야 할 일이 많아지는 것이 당연하다. 삶에서 우선순위는 살아갈 의미를 찾는 것이다.

남은 구닥다리

살던 집 2층을 리모델링했다. 삼십 년 넘게 2층은 손댄 적이 없었다. 제사 지내는 방만 재작년에 장판을 갈았을 뿐이다. 우중충하고 색이 바랜 장판이 제사에 모이는 친척들 보기가 좀 민망해서였다.

물건을 자주 사는 것도 아니지만 필요하다고 생각되어 하나둘 샀던 것이 40여 년 살림살이에 오죽 많으랴. 옛날 어른들이 쓰던 물건들은 거의 버렸는데도 가끔 기본이 20년 이상 된 물건들이 화제에 오르면 자식들은 으악! 질린다며 과장된 소리를 내기도 했다.

게다가 쓰던 물건을 잘 버리지는 않았으니 발에 걸리적거리면 자리바꿈하며 정리정돈 하거나 다음에 쓸 요량으로 창고에 보관해 왔었다. 정리하고 치웠다는데 뭐가 달라진 건지? 하는 자식들의 눈빛을 종종 읽었더랬다. 어느 새 노인으로 분류된 내가 하는 정리는 치운 둥 만 둥 보였을 게다.

　날을 잡아 아들 사위 딸이 소매 걷어붙이고 오래된 물건 버리고 새 물건 들어오는 공간 만들기에 나섰다. 이건 누가 사 준 건데, 저건 아직 쓸 만한데 하며 버려지는 물건에 미련을 자꾸 보이니 방에 들어가 쉬시라며 등을 민다. 엄마가 안 볼 때 버리자고 작당하는 소리가 들린다.

　세월의 더께가 눌러앉아 앉은뱅이처럼 자리를 차지하던 역사적인 물건들이나 일 년 이상 쓰지 않은 물건부터 몇십 년 묵은 추억 소환거리들도 가차 없이 대문 밖으로 내쳐졌다. 묵은 물건들과 나와의 관계는 아예 묵살한 채다. 평생 버려지지 않고 나보다 오래 남을 것 같던 물건이 하나하나 눈앞에서 떨려나갔다. 막상 눈앞에서 오랜 지기 같은 살림살이들이 1톤 트럭으로 세 번이나 쫓겨나가는 모습이 영 언짢다. 마음도 휑하다.

　정리가 되어 가는 중에 생각나는 게 안 보여서 뭐가 안 보이네 어디다 두었노 하니 그건 앞으로도 쓰이지 않을 거라 버렸단다. 내 눈엔 전부 쓰일 물건 같은데 젊은이들 눈에는 버려야 할 구닥다리로 바로 결정이 나 버린다. 몇 번 물어보다가 서로 답이 뻔해지니 이제는 뭐가 안 보이네 소리도 않고 더 이상 나와 함께할 인연은 아닌가 보다 하고 체념해 버린다. 못 이기는 척이 아니고 실제로 져야 한다는 현실이 맘에 안 들어 나는 표정이 안 좋아진다. 엄마 또 삐졌나 보다며 눈치를 본다. 저들도 신경은 쓰이나 보다.

묵은 세월 함께 지낸 물건들 껴안고 사는 것도 때론 살아가는 힘일 수 있는데 그건 안 늙어봐서 모르는 모양이다. 그래 영원한 게 어디 있으랴. 내가 더 늙으면 어차피 또 버려질 것들이 나오겠지. 엄마를 위한다고 애들을 쓰는데 맞추는 시늉이라도 해야겠다는 생각을 한다.

신문물을 받아들이는 젊은이들의 속도는 엄청 빠르다. 적응도 빨라서 불필요하거나 불편하다 싶으면 바로 새것으로 교체한다. 새로운 기술에 감동하고 놀라기 바쁘다. 따라가기 숨이 차지만 함께 살면서 배우지 않으면 영 알지 못할 것들이다.

무조건 안 쓰고 아끼고 절약만 하는 습관으로 버텨온 시간이었다. 그래서 이만큼이라도 사는 것이라는 내 생각과 그렇게 안 쓰고 안 입고 안 먹고 살아서 남은 게 뭐냐는 자식들의 말. 세월의 간격이 부딪친다. 쓸 수 있을 때 쓰는 것이 기회일까 후회할 일일까. 순리대로 살고 검소하게 살아야 한다는 단순한 진리는 허공에서 맴돈다.

한 사람의 십 년 후 행복 예측은 현재의 행복지수에 있다고 대니얼 니틀 심리학자는 말한다. 행복을 미루면 행복의 감각 역시 녹슬며 우리가 허락한 만큼 여기에 존재한다. 행복은 세기가 아니라 빈도다. 해로운 행복은 손쉽게 얻는 특징이 있다. 성공한 삶이란 재능 플러스 노력 플러스 운, 실패는 재능 플러스 노력 마이너스 운이라며 어떤 철학을 선택하느냐는 어떤 사람인가에 달려 있다고 한다.

이제 구닥다리는 나만 남았고 집은 탈탈 통째로 털어 낸 듯 말끔해졌다. 벽지, 장판, 문도 새것으로 교체하며 문턱도 없앴다. 반들반들, 짜임새 있게 편리하게 제 자리를 잡은 집 안은 젊은이와 아이들의 온기가 더해 혈관이 생생하게 돌아가는 것 같다. 노인은 힘을 합해도 언제 끝날지 모르는 일이 젊은이가 힘을 모으니 며칠 만에 뚝딱 정리가 된다.

사라지는 것이 사람이 아닌 바에야 슬퍼하고만 있을 것도 아니다. 내가 할 수 없는 일을 젊음의 손을 빌려 시원하게 해치웠다는 생각이 점점 자리 잡는다. 곧 오래 대해왔던 것처럼 몸에 편하게 배겠지. 사람도 맞춰 사는데 물건들이야 어떨라고. 그래도 여전히 모든 옛날이 그립다.

조삼모사

　1학기엔 엄청 신경 쓴 덕에 순조로웠나 보다. 2학기에 국가 장학금 신청과 진행에 잘되겠지 하고 수시로 뜨는 문자를 예사로 보고 넘겼다가 낭패 볼 뻔했다.

　이리 전화 걸고 저리 전화 걸고 해도 '아닙니다. 아직 처리되지 않았습니다.' 하는 대답에 진땀이 났다. 오늘이 마감인데… 왜 이렇게까지 되도록 상황을 방치했을까. 진땀이 바작바작 난다. 시간이 흘러야 결과를 알 수 있는 상황이다. 기다리는 순간에 머리에 쥐가 날 것 같다.

　'등록금 0원 납부 완료'가 뜨자 방문을 박차고 나왔다. 염천에 땀복을 입고 뒷산을 올랐다. 뭐라도 해야 할 것 같았다. 이 해방감을 만끽하고 싶었다. 나무가 보이고 숲이 보였다. 며칠 전 동무와 갔던 송정 바다는 나를 달래는 것 같더니 산은 나를 품는 것 같다. 데크길을 두고 바위와 흙을 딛고 오르니 모처럼 오르는 산이 힘은 드는데 상쾌하다. 땀이 줄줄, 노폐물이 빠져 나가는 것 같다.

도토리를 줍는 중년 여인이 보인다. 전 같으면 다람쥐 밥을? 하며 눈을 새초롬하게 뜨고 곁눈질했을 텐데 도토리가 보이는 다른 곳도 일러주고 지나간다. 될 듯한데 안 되는 일을 끝까지 혼자서 해결을 보고 마는 내가 대견해서 어깨를 톡톡 두드려 준다.

그동안 물어보고 또 물어보고 전화하며 미안스러워 하고, 아니! 불가! 소리를 듣고 낙심하고, 잘 처리하지 못한 자신이 한심하더니 인간 심리란 참 조삼모사하다. 마음이 안정되니 달아났던 디카시 찍을 마음도 생기고 숱하게 올라도 보이지 않던 산 속 모습이 새롭게 눈에 들어온다. 사진을 찍자고 마음을 먹으니 새로운 바위, 신기한 나무 모양이 눈에 띄고 그 앞에서 프로 사진사처럼 포즈가 나온다. 기분은 이미 거칠 것이 없다. 순간 포착의 대상이 순순히 걸려든다. 디카시 사진 몇 점이 내 맘에만 명작이다.

오르는 길에 내 키에 딱 맞는 기다란 나무가 눈에 띄어 챙긴다. 내려가는 길에 도움이 될 것 같기 때문이었다. 사실은 지팡이가 보기 드물게 잘생겨서다. 만화에서 보던 도사 지팡이처럼 길게 빠진 게 멋있다. 지나가는 사람이 "아이구 그 지팡이 예술이다." 한다. 괜히 머쓱해져서 "드릴까요?" 하니 "아니요, 내려가는 사람이 필요하지요." 한다.

마음이 살짝 바뀐다. 내려가다가 집에 도착하기 전 어디쯤 산속에 버리고 가려고 했었는데 남 눈에도 역시 좋아 보이는가 싶으니 가져갈 마음을 먹는다. 조석변이로 변하는 내 마음이 우습다. 마당 한 귀퉁이에 두면 곧 다가올 가을에, 마당에서 고기 구울 때 하다못해 장작으로 쓰일 수도 있겠고, 산에 또 가 볼까 어쩔까 망설일 때 후딱 일어서게 할지도 모른다는 한 치 앞 계산을 한다.

구름이 살짝 드리운 날씨에도 얼굴이 많이 탄다는 것을 알면서 이제야 아무것도 바르지 않았다는 생각이 났다. 저만치 보이는 대문으로 걸음을 재게 놀린다.

무드셀라 증후군

 꿈속을 살아온 듯 휘리릭 또 지나간 일 년이다. 날마다 하는 결심이 한 해의 마지막 날이라고 다를 것도 없는데 일 년의 끝과 시작을 보내고 맞는 일은 육십갑자를 저만치 지나왔는데도 놓치면 안 될 뭐라도 있는 양 해마다 눈을 똑바로 뜨고 셋! 둘! 하나! 세며 자정을 넘긴다.
 우리는 망각을 전제로 수없이 도전하고 반복하고 기억하고 용서하는 삶을 이어간다. 올 한 해가 어땠더라? 작년 이맘때는? 앞으로만 전진하고자 나름대로 열심히는 했는데 그날이 그날 같았던 것도 같고 많은 일이 있었던 것도 같은데 어느 때 어땠는지 기억이 구름 속 같다.
 확실한 소환을 위해 휴대폰 갤러리를 뒤진다. 내비 없이는 먼 길을 갈 수도 없는 처지와 닮았다. 온갖 색의 기억들이 날아오른다. 일 년에서 이 년 전으로 흔적을 더듬어 나간다. 누구를 위한 포즈였을까. 치아가 살짝 보이도록 웃으라는 주문에 웃고, 하트를 날리라니까 손가락을 겹쳐 날리는 옛날로 돌아가 두루 살펴보다 현실로 돌아온다.

'무드셀라 증후군'은 과거의 나쁜 기억은 빨리 잊어버리고 좋은 기억만 남기려는 심리 현상이다. 고통을 최소화하려는 생존 본능 가운데 하나이다. 나쁜 일과 좋은 일은 얽히며 찾아올 때가 많다. 해마다 그럴 수 있을 것이라는 예측도 가능하다.

한겨울 옥상 풋거리가 어찌됐나 보러 갔다. 부산이 흔치 않은 겨울 한파라고 예보됐을 때 미니텃밭의 마늘, 양파에 비닐을 덮어주었다. 그까짓 알량한 비닐 한 겹으로는 턱도 없었는지 뻣뻣하게 굳은 듯이 보이는데 비닐을 벗겨 보니 그런대로 초록 색깔을 유지하고 있다. 기온이 좀 오른 날은 비닐을 벗기고 물을 주고 비가 온다는 예보가 있는 날도 비닐을 벗겨 실컷 물을 먹게 한다. 내가 할 수 있는 만큼은 했다고 어쩔티비? 하는 마음이다.

요양원에 오래 계신 시어머니나 엄마를 오랜 기간 방문하지 못하고 일상에 묻혀 어쩌다 찾아뵙는 잘못을 저지르고 있다. 비닐 한 장 덮어 놓고 할 일 했다고 자처하는 손이 비닐을 뒤적이며 괜히 열심인 척이나 같다.

삶의 지혜는 즐겁고 행복하게 사는 기술이 제일이다. 행복한 사람이란 다른 사람에게 손을 벌리지 않을 만큼 재산이 있고 여가 시간을 누릴 수 있는 뛰어난 정신력을 지닌 자가 나만의 기준으로 사는 즉, 자존감 높은 삶을 사는 사람일 것이다.

세상사 모든 건 마음먹기에 달려있다. 마음을 맛있게 먹자. 할 일이 있고 주변에 사람이 있다는 사실도 행복이다. 할 일을 하자. 글도 쓰고 그림도 그리고 봉사도 할 것이다.

모두를 기쁘게 할 수는 없다. 일단 나를 기쁘게 하자. 무의식 중에 해 왔던 잘못이 있었다면 참회하는 마음으로, 앞으로도 무의식의 잘못이 없도록 최대한 마음을 먹으면서 살자. 그러는 사이 휘리릭 또 일 년이 지나갈 것이다. 육십갑자를 저만치 보낸 자존감 높은 삶이 키오스크 앞에서도 당당하다.

범방산의 바위들

 부산 사상구와 북구는 마을도 붙어 있고 산도 경계가 없다. 같은 백양산 자락의 범방산에는 크고 작고 이름을 붙이고 싶은 바위가 많다. 잘 만들어진 데크길 덕분에 노인들의 발걸음도 쉽게 산으로 향할 수 있게 되어 살기 좋은 동네라는 생각을 한다.
 높은 건물들이 많이 생겨서 고개만 들면 보이던 낙동강 줄기가 보이지 않는 것이 아쉽다. 그다지 높은 산은 아니지만(6백여 미터) 정상에 올라 낙동강이 시원하게 바라보이고 땀 흘리고 난 뒤의 상쾌함을 기대하며 산을 오른다.
 집 앞 야시곡 공원을 지나 북부교육청 정문 앞에서 구포중학교와 구포도서관 사이 계단이 끝나는 곳에서 우회전을 하면 빨간 색의 자그마한 '숲속도서관'이 보인다. 산책객들이 오가며 벤치에 앉아 책과 놀 수 있는 공간이 마련되어 있다. 그 너머에 모라동 관음사로 내려가는 데크길이 만들어진 지는 얼마 되지 않았다. 가파르고 좁은 길이었는데 누군가의 생각과 실천으로 안전한 산책길이 되었다.

모라동 백화원 관음사의 '부산영산재'는 '사상구 문화재'로 등록되었고 부산영산보존회가 관음사에서 운영되며 전승과 보존 활동을 펼쳐오고 있다. 1993년에 부산광역시 무형문화재 제9호 부산영산재로 지정되었다. '영산재'란 석가모니 부처님께서 영취산에서 행한 설법회인 영산회상靈山會上을 재현하는 의식으로 불교에서 영혼천도를 위한 의식 중 규모가 가장 큰 의식인데 부산 지역에 전승되고 있는 불교의 영혼 천도 의식이다.(네이버 지식백과)

고령화 시대를 절감하듯 산을 오르는 사람 중에 노년의 퍼센티지가 높은 것 같다. 데크길은 북구 지역의 산 위로 나 있지만 산을 오르는 누구나 구불구불 데크길 2킬로미터를 지역을 따지지 않고 오른다. 거칠 것 없이 오를 수 있어서 무장애인지 장애가 있든 없든 누구든지 오를 수 있는 길이라 '무장애 숲길'이라 이름 지었는지는 알 수가 없다.

정상에 다다르면 확 트인 전망대 앞쪽으로 가 허리에 손을 얹고 크게 숨을 내쉬며 낙동강을 일단 바라보는 것이 대부분의 사람들이 하는 첫 번째 포즈다. 산을 오르면서 바위가 많다는 것을 알고 있었지만 동그란 팻말에 적힌 여러 바위들의 설명을 읽고 나니 백양산이 더욱 정겨워진다. 구포동의 '구'는 거북바위와 관련 있는 것 같다. 그 외 정승바위와 부부바위, 두꺼비바위의 소개가 적힌 작은 팻말들도 무심히 지나던 발길을 잡는다.

머리를 내민 거북바위(다른 이름; 황제바위)

거북산은 구복포란형龜伏胞卵形으로서 거북이가 엎드려 알을 품은 형국의 명당자리이다. 예로부터 백양산 줄기 범방산은 인재를 기르는 풍수의 길지吉地로 알려져 전해 내려오고 있다. 백양산이 감싸고 있는 범방산 거북바위는 제왕帝王의 모습이다. 정승바위, 두꺼비 바위(장수, 지킴이)의 보좌를 받고 있는 형상이다. 16개 교육기관의 알을 품고 있는 명당明堂, 이곳 길지의 운을 받은 젊은이들이 스스로 마음을 다스려 노력하여 세상을 이롭게 하는 훌륭한 인재가 많이 배출되기를 기원해 본다.

■ 16곳의 교육기관

1. 북부교육지원청
2. 구포도서관
3. 구포중학교
4. 구남중학교
5. 백양고등학교
6. 구남초등학교
7. 가람중학교
8. 구포초등학교
9. 부산과학대학교
10. 성도고등학교
11. 포천초등학교
12. 신천초등학교
13. 부산학생예술회관
14. 어린이 교통공원
15. 솔로몬 로-파크
16. 모라중학교

우리 지역에 이렇게 많은 교육기관이 자리해 있었다니 집과 가까운 교육기관만 알고 있었다는 사실이 지역민으로서 부끄럽게 생각된다.

구지가龜旨歌
거북아 거북아 (龜何龜何)
머리를 내밀어라 (首其現也)
머리를 내밀지 않으면 (若不現也)
구워 먹으리라 (燔灼而喫也)

구지가龜旨歌는 삼국유사에 기록된 서기 1세기 중엽 가락국의 지도자가 탄생하여 사회를 이롭게 해 달라는 민중의 염원을 담은 노래였다. 미소를 머금은 거북 머리가 2천 년이 지난 오늘에야 내밀었으니(발견) 이제는 훌륭한 지도자가 내 고장에서 탄생하기를 기대해보자. 무장애 숲길 1전망대 아래 있는 바위로 마음이 아름다운 사람에게만 보인답니다.

고개를 돌려 거북바위를 찾아보았다. 동북쪽 꼭대기쯤 산등성에 울창한 수풀에 알은 가려지고 거북 머리만 보였다. 저 자리에서 지역민들을 보살피며 오랜 세월 꿈쩍 않고 있었을 거북이 자손을 지키는 조상처럼 생각된다.

부부바위

유림 아파트와 부산 과학기술대학교 사이의 산 능선에 위치하고 있는 정겹도록 다정한 모습의 부부 바위가 있다.

1955년에 사진을 취미로 하는 박영길 씨가 사진으로 마을에 알림으로서 알게 되었는데 부부의 사랑하는 모습을 쉽게 볼 수는 없고 유심히 살펴야 볼 수 있다. 님을 봐야 뽕을 딴다는 말이 있듯 사랑의 결실은 인재의 탄생을 예고하고 있는 듯 여겨지며 이곳이 풍수의 길지라는 예언을 자연 조화로 표현해 주는 것 같다.

사잇길로 빠지는 데크 계단이 있지만 지금은 바위를 쉽게 찾아볼 수가 없다. 바위의 얼굴이 드러나게 전체적으로 살짝 이발을 시켜주면 좋겠다는 생각을 한다.

두꺼비 바위(일명 장수바위)

구포역 남쪽(대성아파트 밑) 철길 가에 낙동강을 바라보고 있는 바위다. 조선시대 낙동강 뱃길을 교통수단으로 이용하던 이 고장 사람들이 아무 사고 없이 무사하기를 비는 수호신으로 치성의 대상이었다. 두꺼비바위 치성은 군부대의 저유 탱크 보안 관리 구역으로 되기 전까지도 그 맥을 이어왔다. 두꺼비는 예로부터 평안, 자식복(人才), 재복財福 등을 상징한다. 마을이나 집안의 수호신 같은 존재로서 백양산(城)과 거북바위(皇帝), 정승바위와 연계하여 일명 장수바위(將帥)라 한다.

정승바위(구명 맷돌바위)

백양산(城), 범방산(龜伏胞卵), 거북바위(皇帝)를 보좌하는 갓(벼슬)을 쓴 충성스런 정승의 모습을 하고 있는 정승바위를 옛사람들은 맷돌로 보아 맷돌바위라고 불렀다. 알찬 자료(지혜)들을 옆에 두고 거북바위를 향해 다소곳이 머리를 숙이고 있는 정승의 모습이 아닌가? 이 지역의 시민들이 이곳의 정기를 받아 이웃에 봉사하고 자녀들을 훌륭하게 키워 사회를 더 이롭게 하는 지도자가 많이 배출되어 행복한 세상을 만들어 보자는 다짐을 해 보자. 이 정승바위가 있어 거북바위를 황제바위라고 부른다.

정상 부근에는 운수사로 가는 길, 구포도서관으로 가는 길의 팻말이 방향을 결정지으라는 듯 뚜렷이 눈에 들어온다. 모라동 운수사로 가는 길은 데크가 아닌 평평한 길이 이어지나 집으로 돌아오려면 먼 길이다. 구포도서관으로 가는 길도 데크길이 아니라서 내려갈 때 조심스럽게 나무와 바위를 의지하며 내려가야 한다. 고개를 숙이고 아래를 보며 겸손의 길을 걷는다.

야시 없는 야시곡 공원

집 바로 앞 야시곡 공원은 조성된 지 30년이 넘었다. 이사 왔을 때 허리께에 오던 나무들이 하늘을 찌를 듯 울창하게 자랐다. 여름엔 시원한 그늘을 만들어 쉼터를 제공하고 가을엔 아름다운 단풍이 몸과 마음에 힐링이 된다.

야시곡이란 이름을 떠올릴 때마다 야시는 야시랑야시랑 하고 운다고 신혼 때 남편이 해주던 말이 생각난다. 순진한 각시는 속으로 긴가민가하면서 웃었었다.

야시곡 공원이 있는 모라동은 그때만 해도 반 촌村이었다. 뒷산 쪽으로 올라가면 운수사 아래로 큰 골, 작은 골이라는 이름처럼 골짜기가 깊었고 많은 다랭이 논과 밭들은 여기가 시골임을 말해 주고 있었다. 어쩌다 외출이라도 하고 올라치면 빈손인 나에게 시할머니는 '부산까지 갔다 오면서 그냥 오다니….' 혼잣

말처럼 하시던 말에 길치인 나는 부산이 아닌 아주 먼 곳으로 시집을 온 것 같아 나 혼자라는 느낌이 불쑥 들었었다.

야시고개라고 불리던 언덕엔 지금은 아파트가 들어서고 사차선 도로가 시원하게 뚫려 야시가 나올 만한 구석은 눈 씻고 봐도 없다. 야시곡 공원은 빠르지도 늦지도 않은 걸음으로 야시랑 거리며 세월을 따라잡고 있다.

마당 한쪽에 만든 손바닥만 한 밭에 덩굴이 뻗어나며 자고 나면 쭉쭉 미끈하게 빠져있는 오이, 보라색 열매가 경쟁하듯 주렁주렁 열리는 가지, 몇 해 전 독일여행에서 간식으로 먹었던 씨앗을 가져와 심은 비파나무도 어느새 이층 베란다와 키 재기를 한다. 농장에서 옮겨 심은 감나무 세 그루도 넓적한 잎이 반들거리며 키가 쑥쑥 자랐다. 유난히 올해는 모든 식물이 건강하게 잘 자라는 것 같다. 뒷골 야시가 도와야 농사가 잘된다는 믿거나 말거나 하는 속설이 생각난다.

대추나무는 새순이 쑥쑥 올라와 나무 형태를 갖추기만 하면 여지없이 잘려 나갔다. 마당의 나무가 잘 자라면 장손자의 앞날을 막을 것이라는 시어머니 기복신앙의 요지부동 때문이었다. 저녁에 퇴근하고 와서 나무의 허리가 꺾인 것을 볼 때마다 어머니의 신앙은 넘을 수 없는 단단한 벽처럼 여겨졌었다. 뒷골 야시쯤이야 턱도 없는 굳건한 신념이었다.

야시곡 공원의 울창한 나무에서 매미들이 어제와 다른 노래를 하고 있다. 해가 지고 공원에도 사람이 뜸해지면 놀이터에 슬그머니 나가 그네에 앉아 볼 때가 있다. 그네가 앞뒤로 움직이면 쇠 소리가 조용하게 밤공기를 흔든다. 야시랑~ 야시랑~.

원홍장 이야기

 유교 사상이 조선 오백 년을 이어가고 유교는 효를 배경으로 하는 불교 사상이 숨어있다. 전남 곡성의 유서 깊은 절집 관음사를 향해 아침 일찍 버스가 출발한다.
 우리나라 3대 고대 소설인 춘향전과 심청전, 홍길동전은 모두 전라도를 발원지로 하고 있다는 공통점이 있다. 춘향전은 남원을, 홍길동전은 장성을 배경으로 하고 있다. 시대의 흐름에 따라 설화는 어느덧 민중 속에 파고들어 스토리텔링으로 되살아나 전설이 아닌 실제 인물이었다는 상황 전개가 재미있다.
 심청전은 겉으로는 효를 말하고 있지만 속은 불교 포교를 위한 경계가 있는 듯 없는 듯 스며들어 든든히 맥을 이어왔다. 심청전의 경우 1729년(영조 5년)에 '백매자'가 찬술한 『관음사 사적』 목판본에 실려 있고 원판은 불탔으나 인쇄본이 송광사 도서관에 소장되어 있고 『조선사찰사료』에도 실려 있다 한다. 실재했다는 믿음이 가는 전남 곡성 관음사로 향하는 발걸음이 가볍다.

> 장님 아버지를 둔 효녀 원홍장이 홍법사에 불사를 위하여 성공스님에게 시주되고 스님을 따라 나섰다가 중국 진晉나라 사신을 만나 황후가 되었는데 고국을 못 잊어 불탑과 불상을 만들어 보내던 끝에 자신의 원불로 조성한 금동관음보살상을 돌배에 실어 보낸 것을 옥과에 사는 처녀 성덕이 발견해서 모신 곳이 관음사다.

성공스님은 불사를 원만히 회향했고 아버지 원량은 눈을 떠 95세의 수를 누렸다고 한다. 심청은 인당수에 몸을 던지는 비운의 주인공이었지만 중국 진나라 홍장 황후로 다시 태어나 해피엔딩의 주인공이 됨으로써 효라는 개념이 구시대의 유물이 아니라 오늘날에도 필요하다는 점을 일깨워주는 심청의 이름이 전남 곡성 오지 마을을 빛내주고 있다.

관음 신앙의 본거지인 성덕산 관음사의 일주문 역할을 하는 수상 교각 앞쪽에는 성덕산 관음사 현판이 안쪽에는 금랑각 현판이 지붕을 장식하고 있다. 그 아래로 이름처럼 비단결 같은 맑고 깨끗한 물이 흐르고 있다. 극락전 앞에 서자 만리향 향기가 온 절집을 덮을 듯 퍼져 나왔다. 극락전 네 기둥 주련에 적힌 한글이 눈에 들어온다. 서원을 품은 마음이 끌리듯 들어가 절을 하고 나온다.

> 극락전의 아미타불 보름달 같은 얼굴
> 한량없는 지혜의 빛 온 허공을 비추나니
> 누구든지 일념으로 그 이름을 부르오면
> 무량공덕 원만하게 한순간에 이루리라

원통전의 원래 자리는 당간지주가 그대로 지키고 있다. 바로 옆에 새로 지은 관음전인 원통전 앞으로 나란히 석조어람관음좌상과 작은 연못이 차례로 일직선상에 놓여있다. 국내 유일의 95㎝의 석조 조각상 어람관음좌상이 왼손으로 물고기를 안고 등에는 몸통 후미인 꼬리부분이 조각되어 있다. 어람관음좌상의 얼굴에도 새겨진 백제의 미소를 보며 나도 씨익 마주 웃어본다. 33관음보살 중 하나인 어람관세음보살이 물고기를 들고 있는 이유는 해수관음의 가피가 깊은 산속 이곳까지 퍼져있어 영험하다는 뜻일 것이다.

한국전쟁 당시 공비들이 관음사에 남아 기지로 삼았는데 문화재가 많아 한국군의 요청으로 연합군도 폭격을 못 하다가 공비들이 이것을 노려 사찰로 많이 숨어들자 어쩔 수 없이 소탕하기 위해 불을 질렀다 한다. 군·경의 공비 토벌대에 의해 국보인

원통전과 금동관음상, 여러 전각들이 불태워졌다.

새로 조성된 금동관음보살상이 심청전의 모티브가 된 원홍장보살이다. 중국의 황후가 된 홍장이 고국이 그리워 우리나라에 보내온 관음보살상을 백제시대 여신도 성덕의 원력으로 세운 사찰 관음사는 아미타불을 모신 사찰이다. 원통전에 모셔진 성덕보살상으로 알려진 조소 불상이 불타고 깨진 모습이지만 아름다운 백제의 미소를 전해준다.

기둥에 조선민주주의공화국이라는 글씨와 별 모양이 있었다고 하는데 인터넷 자료에서만 볼 수 있을 뿐 흔적을 찾을 수 없었다. 역사를 되돌아볼 수 있는 모델로 남겨두었으면 유명한 관음사가 되었을 텐데 아쉽다.

깊은 산중이라서인지 가을이 한창인데 스님도 보살님도 옷자락 하나 보이지 않는 데다가 새파란 하늘을 배경으로 단풍조차도 드문드문하여 넓은 마당을 더욱 썰렁하게 한다. 소수의 스님만으로 운영되는 관음사의 현실이 현재의 종교계 현실을 말해주는지도 모른다. 스님이 되려는 사람도 적을 뿐더러 재정적인 문제로 절 봉사자도 구하기 어렵다고 한다. 인구절벽으로 치닫는 현실은 신부나 수녀가 되려는 사람도 당연히 줄어들고 있다는 말이다.

이박 삼일의 사랑

경북 경산시 용성면 용정리, 구룡산의 대한불교조계종 제10교구 본사인 은해사의 말사 반룡사. 이 문장에는 용이 4마리나 나온다. 용은 나라를 뜻하고 구룡산 중턱에 자리한 반룡사는 왕실이 키운 사찰이다. 절집은 역시 산골에 있어야 찾아가는 맛이 있다.

길게 이어진 돌담장 가운데의 훤칠한 누각이 먼저 눈에 들어온다. 한여름의 반룡사는 꽃동산 속의 사찰이다. 대웅전을 둘러싼 꽃들의 화려함에 조용한 사찰이 오히려 부끄러움을 타는 듯 화려한 단청이 무색하다. 색깔도 모양도 다양한 꽃들의 향기 속에서도 반룡사는 한적하고 고즈넉함을 풍긴다.

대웅전에서 바라보는 삼층석탑 아래로 시원한 전각에는 바람이 사통팔달하고 그 아래로 용전리 마을이 오목하니 숨은 그림처럼 내려다보인다. 자비의 관음도량 반룡사는 설총이 유년시절을 보낸 곳으로 유명하다. 요석궁주가 해산하러 반룡사로 오다가 사정이 여의치 않아 압량 밤나무골의 어느 집에서 태어났고 반룡사에서 요석궁주가 키웠다고 한다.

태종무열왕 내외가 딸인 요석궁주 아유다와 설총을 만나기 위하여 자주 넘어 왔다 하여 왕이 넘어온 산 고개를 지금도 왕재라고 부르고 있다. 반룡산 왕재를 오르는 고갯마루는 거대한 용의 등을 오른 듯 원효와 아유다와 설총의 행적이 고스란히 살아 숨 쉬고 있다.

원효스님의 어릴 때의 이름은 설서당薛誓幢이며 스스로 지은 원효의 뜻은 불교를 새로 빛나게 한다는 뜻이란다. 화랑의 대열에도 못 끼고 승이 되었어도 신분적으로 인정을 못 받았던 원효는 통불교(원효종, 해동종)을 제창하고 불교의 대중화에 힘썼다. 특별히 한 명의 스승을 정해놓고 배우지 않았고 스스로 깨달음을 얻었다고 전해지는 전설 같은 이야기에서 위인은 타고난다거나 영웅의 어린 시절은 험난하다는 이야기를 떠올린다. 유학을 떠나던 길에 한밤중에 모르고 마셨던 해골 물로 인해 유학을 포기하고 득도했다는 설화는 널리 알려진 바다.

태종무열왕의 둘째딸 아유다는 요석궁의 궁주였다. 수허몰가부 아작지천주를 외며 다니던 원효는 문천교를 지날 때 일부러

물에 빠져 옷을 적시자 궁리가 궁으로 데려가 2박 3일을 쉬게 하였다. 원효의 나이 40세 정도 되었을 때였다고 한다. 아유다의 남편 김문흠은 백제에 패하여 죽었고 과부였던 아유다는 어느 날 태기가 있어 설씨 종가에 가서 해산을 한 것이다.

원효는 분황사에 머무르며 화엄경소등의 저술에 힘쓰기도 했고 스스로 소성거사라고 칭하며 서민 속으로 들어가 민중포교에 힘썼다. 귀족불교에 반하는 민중불교인 것이다. 본래의 마음을 깨달으면 정토를 이룰 수 있으며 입으로 부처의 이름을 외우고 귀로 부처의 가르침을 들으면 성불할 수 있다고 가르쳤다. 이러한 원효의 활동으로 신라의 백성들은 모두 부처의 이름을 알고 '나무아미타불'의 염불을 외우게 되었다 한다.

원효가 수도하던 소요산에서 아들과 함께 기거하며 원효를 위해 기도하였다는 요석궁주 아유다는 어머니로서, 딸로서, 부인으로서 자신의 역할을 다하였다. 올바르고 긍정적인 사고로 현실을 직시하여 설총을 당당한 학자로 키워냈다. 왕족으로서 나라를 위해 원효를 금란가사를 벗기고 민중으로 인도한 대보살이라는 생각을 한다.

설화를 바탕으로 왕재길 걷기의 스토리텔링을 만든 반룡사는 큰 어른 삼성현(원효, 설총, 일연스님)과 요석궁주를 기리는 육법(향, 등, 꽃, 차, 쌀, 과일) 공양 다례제를 오래 전부터 거행해 왔다. 삼성

현의 호국관과 얼을 기리며 가을 반룡사의 아찔한 단풍과 낙조를 보러 가고 싶다. 오늘날의 흔한 사랑과 이별이 '이박 삼일의 사랑'과 어떻게 다른지 생각해 본다.

4부

#디카시

미사보

쌀 한 톨을 위한 농부 발걸음 99번
만물의 귀함 가르치지 못한 내 탓이요

- 윤 미 화

뚜벅뚜벅 초량 이바구길

초량 토박이 K에게 초량의 이바구길 안내를 부탁했다. 오래된 친구지만 근래는 가끔 카톡 문자를 주고받기도 하고 해 바뀌면 안부를 물어보는 정도다. 다른 스케줄도 미루고 선뜻 함께해 주마 해서 고마웠다.

초량역 5번 출구에서 만나 오랜만에 보는 K와 반가운 인사를 나누고 이바구를 주고받으며 이바구길을 향해 뚜벅뚜벅 걷기 시작했다. 조금 걷지 않아 설명해주지 않으면 모를 남선창고터가 보였다. 남선창고터는 붉은 벽돌 건물이 한쪽 면만 남아있는 최초의 물류 창고로 함경도에서 배로 물건을 싣고 와 보관했고 주로 명태를 보관했기에 명태고방으로 불렸다.

몇 걸음 걷자 지은 지 백 년이나 되는 부산 최초의 근대식 개인종합병원이었던 구 백제병원이 대로의 한쪽에 붉은 4층의 몸집을 불에 탄 흔적을 간직한 채로 자리하고 있다. 1, 2층의 벽, 문, 계단도 원형에 가깝게 보존하고 있다. 병원이 1932년에 문을 닫은 후에는 요릿집으로, 1942년에는 일본 부대의 장교 숙소로, 해방 후에는 부산치안사령부와 중화민국 임시대사관으로 사용하였다. 산복도로 변화만큼이나 많은 사연을 담고 있을 건물이 지금은 1층은 카페로, 2층은 창비 출판사로 사용되고 있다.

담장갤러리가 보이는 곳부터 오르막이 시작된다. 골목길을 따라 벽을 등지고 서 있는 갤러리에는 세월의 흐름 따라 변화한 동구의 풍경과 동구 사람 중 유명 인사들의 삶의 흔적이 간략히 소개되고 있다. 가수 나훈아가 부르는 인생 노래의 배경이었을 수도 있는 초량 까꼬막 길을 오른다. 2008년부터 시작된 북항 재개발 사업의 핵심시설인 국제여객 터미널이 해양도시 관문으로서 상징적인 역할을 수행하고 있음을 보여주는 작은 사진이 2015년부터는 외국의 어느 항구에도 뒤지지 않는 멋진 풍경이 되어 있다.

168계단 모노레일을 탈 것이라고 기대했는데 2024년 6월에 엘리베이터로 바뀔 예정이라며 그때까지 운행을 하지 않는다는 안내문이 붙어 있다. 갑자기 다리가 아파오는 것 같다. 위로 까마득해 보이는 168계단을 쳐다만 봐도 현기증이 날 것 같다. 저 계단을 오른다고? 걱정하는 사이 친구가 옆으로 꺾어지는 골목길로 접어드는 계단을 오른다. 평소 많이 걷지 않던 다리가 벌써 신호를 보내기 시작한다. 먼저 부탁을 한 터라 아픈 티는 못 내고 버티리라 작심만 한다.

산복도로 위에 또 산복도로가 만들어진 초량의 이바구길은 구불구불 이어지는 골목길이 방향을 틀 때마다 구석구석에 이바구가 숨 쉬고 있는 것 같다. 김민부 전망대에서 북항을 잠시 바라보자니 거대한 북항 대교를 지나와 정박해 있는 크루즈의 모습이 그림 같다. 저런 배가 부산항에 입출항 한 지는 꽤 되었을 텐데 동구에서 태어났지만 사상구에 살고 있는 관계로 이바구길도 크루즈도 낯선 풍경이다.

망양로 산복도로 전시관에는 6.25전쟁 피란민들의 애환이 담긴 역사를 비롯해 도시 재생을 거치며 활력을 되찾은 산복도로의 현재 모습까지 볼 수가 있었다. 사진 하나하나가 옛 추억을 불러일으킨다. 기형도의 〈엄마 걱정〉에서 '찬밥처럼 방에 담겨' '혼자 엎드려 훌쩍거리던' '내 유년의 윗목'은 아마도 베이비부머들의 공통 추억이 아닐까 싶다. 지금은 흔적도 찾을 수 없는 시대적 유물인 〈요강 이바구뎐(傳)〉을 보며 어디에서도 들을 수 없는 전설 같은 얘기를 읽으며 타임머신을 타고 60년대를 여행하는 느낌이다. 겨울철이 다가오면 쌀, 김장이 준비되어야 마음이 놓이고 연탄이 차곡차곡 쌓여있으면 어린 마음에도 든든했던 기억이 떠오른다. 그 시절을 펜화로 그려놓은 작품들 앞에서 한참을 감상하였다. 그림 속 사투리 한 마디는 경상도 사람만이 느낄 수 있는 '니 맘 내가 알고 내 맘 니가 아는' 바로 그 정이 담뿍 스며있다.

한국의 슈바이처 성산 장기려 박사 기념 더 나눔 센터에서 잠시 앉아 영상을 보는 동안 다리를 쉴 수 있어 참으로 다행이었다. 친구의 지인이 주는 차를 마시며 박사의 일생을 정리한 다큐 영상을 보았다. 생생하게 재현되는 모두가 어려웠던 그 시절에 남을 위해 헌신했던 박사님의 발자취는 그 누구도 흉내 낼 수 없는 숭고한 정신이 깃들어 있다.

부산의 간질환자 모임 '장미회'를 창설하고 부산 생명의 전화도 설립하고, 장애자 재활협회 부산지부 창립에도 앞장서셨다. 노년에는 병고에 시달리면서도 집 한 칸 없이 마지막까지 가난하고 소외된 사람들에게 인술과 선한 베풂을 펼친 박사님은 가난한 사람들에게는 하느님이나 미륵보살이 아니었을까. K는 영상에서 본 글을 자신의 수첩에 적어 '사랑은 베풀수록 더 커진다는 진리, 仁은 자신을 지키는 거룩한 사업입니다.'는 글을 내게 보여 준다.

유치환의 느린 우체통이 노인처럼 쓸쓸히 혼자 서 있다. 3층을 지나 아래로 내려갔다. 2층 아트 갤러리에서 '[ ]너머의 공간

-시간의 기록'이라는 김수민 작가의 초대개인전이 열리고 있었다. '중첩된 공간-오래된 시간'이라는 작품 앞에 오래 머물렀다. 새로운 기법의 작품은 제목처럼 현실과 과거의 꿈에 대해 생각하게 하는 점이 색다르게 보였다.

까꼬막은 내려갈 때가 더 힘들다. 넘어지지 않기 위해 다리에 중심을 잡는 일이 삶이다. 이바구길 계단과 까꼬막을 오르내리는 사이 들러붙어 있던 삶의 더께를 한숨으로 토해 낸다. 까꼬막을 다 내려오자 6.25 피란민들의 판잣집을 형상화한 이바구길 관광안내소이자 게스트하우스 2층 목조건물이 아담하다. 어르신 스토리텔러가 상주하며 역사적인 다양한 이야기를 해 주신다고 한다. 드디어 이바구길이 끝났다. 4시간은 족히 걸은 것 같다. 어디 앉을 데가 없나 두리번거렸다. 빈 의자 하나 없다.

다리가 더 이상은 못 걷겠다고 아우성이다. K는 멀쩡하다. 마라톤으로 단련된 친구는 이 정도 거리 걷는 거는 아무렇지도 않단다. 얼굴에 피곤함이 묻어난 걸 봤는지 다리 아프다 소리도 안 하고 뚜벅뚜벅 걸어 다녔냐고 어이없어 한다. 많은 이바구를 하며 함께 걸어 준 K와 작별하며 고갈된 내 체력을 들키지 않으려고 서둘러 초량지하철역 계단을 밟는다.

부산 영도의 시비詩碑를 찾아서

 '피란수도 부산'의 기록이 세계문화유산 잠정종목으로 조건부 등재된다고 한다. 부산의 문화유산이 세계인의 관심사로 뜨고 있다. 일제 식민지와 해방과 6.25 동란을 거쳐 온 해양도시 부산은 세계에 자랑할 만한 유산들이 많다. 6.25전쟁의 시련을 겪으면서 영도가 가지는 문화적 정서가 담긴 유산, 그중에서 시비를 찾아 나서기로 한다. 영도의 지리에 어두운 관계로 동선을 절약하면서 속속들이 탐방할 수 있도록 영도구청 문화관광과(051-419-4064)에 시비가 있는 곳과 가는 길을 문의하였다. 아마도 영도를 일주해야 할 거라는 문화관광과 직원의 말이다. 영도 입구를 지키고 있는 현인 노래비부터 만나려고 다리에 도착한 시각이 2시였다. 마침 도개가 시작되는 순간이라 많은 사람들이 왕복차로 앞에서 사진을 찍기 위해 카메라나 손전화를 들고 차츰 높이 날아오르는 갈매기를 보며 환호하고 있다. 오늘의 일정이 순조로울 것 같은 예감이 든다.

● 눈보라가 휘날리는 현인(1919~2002) 노래비

6.25동란 때 영도다리 주변은 피란민촌으로 변해서 생활고에 지친 피란민들의 한 많은 인생이 다리 난간 위에서 오고갔다. 밤하늘의 초생달을 보며 하염없는 망향의 눈물을 쏟기도 하고 헤어지면 만나자고 약속하던 곳이 영도다리였다. 이때 '굳세어라 금순아'라는 대중가요가 시대 상황과 맞아 떨어지면서 혀 짧은 노래에 턱을 부르르 떨며 현란한 바이브레이션으로 대중의 마음을 사로잡은 가수의 노래가 유행하여 임시수도 부산 시민의 심금을 울렸다.

우에노 음악대학에서 성악과 플롯을 전공한 현동주(현인)는 졸업 후 일본 징용을 피해 상하이에서 음악 활동을 했다. 성악을 전공한 음악도로서 유행가를 부를 수는 없다고 했지만 작곡가

박시춘의 권유로 노래를 했고 고난과 슬픔을 노래하되 건강함과 감미로움으로 현실의 슬픔을 극복할 수 있도록 도와준다는 평가를 받았다.

다리 입구의 노래비는 부산을 상징하는 바다와 항구가 어우러진 배의 형상과 음반, 파도, 음표와 함께 갈매기가 나는 모습이다. 노래비 앞에는 관광객이 현인의 동상과 사진을 찍을 수 있도록 놓인 돌의자 몇 개가 부산 사람의 넉넉한 인심을 대변하는 듯하다. 오른쪽 발을 맞닿으면 노래가 흘러나오니 잠시 앉아서 노래를 들으며 쉬어가도 좋겠다. 구수한 노래가 헤어진 피붙이를 찾던 1950년대의 추억을 불러올린다.

굳세어라 금순아
강사랑 작사/ 박시춘 작곡/ 현인 노래

♬눈보라가 휘날리는 바람 찬 흥남부두에/ 목을 놓아 불러봤다 찾아를 봤다/ 금순아 어디로 가고 길을 잃고 헤매었던가/ 피눈물을 흘리면서 일사 이후 나 홀로 왔다// 일가친척 없는 몸이 지금은 무엇을 하나/ 이 내 몸은 국제시장 장사치기다/ 금순아 보고 싶구나 고향 꿈도 그리워진다/ 영도다리 난간 위에 초생달만 외로이 떴다♬

● 플라토닉 러브의 아이콘 유치환(1908~1967) 시비

　다음 순서로 1955년에 개교하여 2007년에 남여상에서 이름을 바꾼 영상예술고등학교로 유치환의 시비를 찾아 발길을 돌린다. 유치환의 시비는 부산의 이바구길에도, 을숙도에도, 용두산에도 있다. 청마의 고향인 통영도 거제도도 아닌 영도에 유치환의 시비가 있다는 것은 아마도 돌아가시기 전에 교장으로 재직했던 곳이기 때문이라고 추측해본다. 내비게이션이 없다면 낯선 곳에서의 집 찾기는 정말 보통일이 아니라는 것을 새삼 절실히 깨달으면서 구불구불 골목길을 돌아 오르락내리락한 후 학교를 찾아냈다.

　학교 정문에서는 얼마 전 학생 인질 사건이 있은 후 까다로워졌다며 소속과 이름과 전화번호까지 적고 방문자 표식의 이름표를 목에 걸고 들어갈 수 있었다. 정문과 마주보는 높고 가파른 계단의 오른쪽으로는 커브를 돌며 오르막길이 시작되는데 경비아저씨가 시비가 있다고 손으로 가리키는 곳에는 얼핏 보기에 아무것도 없는 듯하였다. 계속되는 오르막길 위로 조금 올라가니 정말 작은 비석 두 개가 하나는 서고 하나는 누운 것이 보인다. 오르막 시작 지점에서는 눈높이보다 높아 여기라고 일러주지 않으면 모를 정도로 작은 시비다. 오전에 내린 꽃비로

시비와 비석과 동판에는 연분홍 꽃잎들이 떨어져 점점이 수를 놓았다. 휴지를 꺼내 비석과 동판을 싹싹 닦고 사진을 찍었다.

청마의 시 「바위」 중에 마지막 몇 구절 −꿈꾸어도 노래하지 않고 두 쪽으로 깨뜨려져도 소리하지 않는 바위가 되리라−만 새겨진 작은 대리석 시비가 울창한 나무에 가려 난쟁이처럼 서 있다. 시비의 뒷면에는 '1968년 10월 11회, 12회 졸업생이 세움'이라고 적혀있는데 시 전문을 다 새긴 커다란 시비였다면 50년의 세월이 흐른 지금 그 자리에 그대로 서 있는 시비는 학교가 내세울 만한 자랑거리가 되지 않았을까 싶다.

내 죽으면 한 개 바위가 되리라
아예 애련에 물들지 않고
희로에 움직이지 않고
비와 바람에 깎이는 대로
억년 비정의 함묵에
안으로 안으로만 채찍질하여
드디어 생명도 망각하고
흐르는 구름
머언 원뢰
꿈꾸어도 노래하지 않고
두 쪽으로 깨뜨려져도
소리하지 않는 바위가 되리라

− 유치환 「바위」 전문

유치환의 많은 시 중에 「바위」가 시비의 시로 선택된 이유는 무엇일까? 사면에서 들이치는 영도의 세찬 바닷바람을 꿋꿋하게 견뎌내는 크고 작은 바위를 의미하는 것일까? 세월의 더께를 안은 키 작은 시비는 야무진 경상도 사나이의 단단함을 연상시킨다.

비석 앞의 동판은 '한국 현대문학표징1996-014 한국문협, SBS문화재단'에서 1996년 11월 18일 문학의 해를 맞아 이 비석을 마련했고 이곳이 안타깝게 세상을 떠난 청마 선생의 문학산실임을 알려준다. 멋들어진 글씨체로 '청마시비'라고 굵고 깊게 파인 비석이 멀리서도 잘 보인다.

생명파 시인의 한 사람인 청마 유치환은 생명 의식의 고양을 바탕으로 인간 존재와 초월의 세계에 대한 근원적 문제를 탐색했다. 『청마시초』, 『울릉도』, 『청령일기』 등 주옥같은 시집을 남겼다. 교육자로서 경남여고, 경주고교 그리고 이곳 부산남여자상업고등학교에서도 교장직에 봉직하며 후학 지도에 열정을 다해왔다. 이 학교에서 봉직하는 동안 「추일」, 「산도화」, 「일월」 등 명시를 남기기도 했다.

1965년에 남여자상업고등학교에 교장으로 부임했다가 2년 후 60세인 1967년 좌천동 앞길에서 교통사고로 돌아가신 청마 선생님의 시비 앞에서 머리 숙여 잠시 묵념하고 돌아선다. 주변

긴 의자에는 시비와 등지고 앉아 학생들이 담소하고 있다. 나무에 가려 잘 보이지도 않고 비석도 그리 크지 않아 영도의 유일한 청마시비는 소외된 이방인 같다. 유치환의 생애 중 30대부터 돌아가시기까지의 황금 같은 시기에 20여 년간이나 이영도 시조시인과 편지를 주고받았다. 당시 그들의 플라토닉 러브는 센세이셔널한 사건이었지만 세월은 흐르고 아무도 기억해 주지 않는 옛날의 추억도 묻혀버린 교정에 벚꽃 잎이 하얗게 내려앉은 내리막길을 내려오는 마음이 젖어있는 시비처럼 눅눅해진다.

● 바다의 시인 김성식(1942~2002) 시비

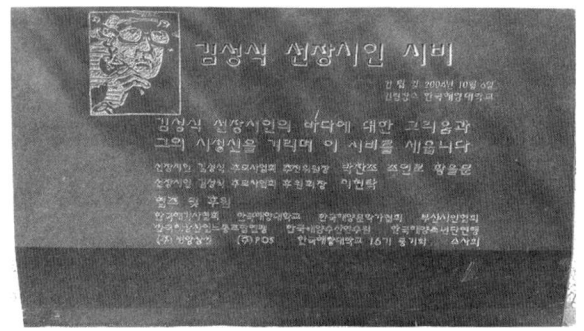

다음 행선지는 해양대학교 도서관 쉼터에 있는 김성식 시비를 목표로 차를 돌린다. "바다가 끝나는 데서 김성식의 뱃길은 시작된다. 끝닿을 데 없는 바다가 나를 시인으로 만든다."라고 한 김성식 시인은 선장시인이다. 해양대학의 상징인 하얀 닻의 조형물 앞에서 좌회전하여 다시 우회전한 후 도서관 동에 차를 세웠다. B3관 도서관과 B4미디어홀 앞에는 정자가 있고 정자 앞에는 장방형 사각 받침돌위에 부드러운 곡선의 자연석이 따스한 햇살 아래 당당한 자태를 드러내고 있다. 데뷔작 「겨울바다」 1, 2, 3연이 까만 손 글씨로 자연석의 오른편을 장식하고 있고 왼편은 조금 큰 글씨로 제목이 새겨져 있다. 시비의 앞면은 부드러운 곡선으로 흐르고 뒷면은 위가 뾰족한 삼각형이다. 마치 잔잔하다가 파도가 치기도 하는 바다의 성격을 닮았다.

　부산은 해양문학제가 있어 해마다 해양문학작품이 소개된다. 해양문학의 원조 시인격인 김성식 시인이야말로 직접 바다 가운데서 바다와 부대끼며 바다의 호흡, 바다의 맥박 소리를 그대로 옮긴 시인이라고 생각한다. 시비 앞에 서서 띄어쓰기 없이 빽빽하게 새겨진 시를 음미해 본다. 「겨울바다」는 바다의 냉혹함, 거스를 수 없는 운명 아래 발가벗겨진 바다가 미쳐 날뛰는 느낌을 준다.

　　겨울엔서북풍을타고바다가온다
　　흰거품아귀아귀씹으면서
　　봉두난발으곤두선머리카락흩날리며
　　거친발자국으로
　　온몸전부를스스로때리며몰려온다

몰려오는물덩어리,덩어리로부서져
물보라불기둥
기다란물굽이되어
으적으적이빨을갈면서달려든다

일천만개의완강한잇몸들이
일억만개의날이선이빨들을가지고
하늘을물어뜯다제살을저작하며
데굴데굴굴러몸부림치면서
몰려온다
방파제너머피를흘리는어둠을씹어가며
모래톱건너쏟아지는폐수속에
떨어진별들을삼켜가며
해안선따라흐르는
온갖죽음들을먹어가며
백마를타고바다가온다

한겨울엔흰말을타고바다가온다
내이빨스물여덟개도앗아다가
일억만스물여덟개의이빨로
산발한머리카락날리면서
모든허상을
모조리삼켜갈 때
아,어느틈엔가나는
다시솟아난스물여덟개의신선한이빨로
그겨울파도를
탐욕스레소화하고있었다

— 김성식 「겨울바다」 전문

김성식 시인은 1942년 5월 15일 함경남도 이원에서 출생했다. 1962년 해양대를 수료하면서 그해 월간 소설계에「남지나해」를 발표하며 활동을 시작했다. 중학교 다닐 때부터 바다를 주제로 시를 써 백일장에서 수상하기도 하고 대학 때 문학에 대한 본격 탐구가 있었고 이 시기에 많은 작품을 남겼다.

　1971년 조선일보 신춘문예에「청진항」이 당선되었고 1977년에 처녀시집『청진항』을 발간한다. 1986년에 3월에 제2 시집『바다는 언제 잠드는가』, 1991년 제3 시집『누이야 청진의 누이야』, 1994년에는 소설집『선상 데카메론』을 발간하고 1998년 제4 시집『이 세상 가장 높은 곳에 바다가 있네』등 제목만 봐도 바다 내음이 물씬 풍기는 220편의 해양시를 창작했다. 한국문학사는 물론 세계문학사에서도 김성식 시인처럼 많은 해양시를 쓴 사람은 찾아보기 어렵다.

　원산보통학교 교사를 지내고 유학하여 일본대학 법정학부를 졸업하고 요산 김정한과 비슷한 시기에 문학 활동을 한 아버지 김철수의 영향을 받았다. 역시 사람의 성장 과정은 인성을 결정하는 중요한 부분임을 짐작할 수 있다.

　문학적 분위기 속에서 어린 시절을 보낸 김성식 시인은 바다를 통해 동경과 그리움을 키웠다. 특정 장르에 매달리기보다 창작 행위 자체에 의미를 부여한 것으로 보이며 열린 세계관과 모험적이고 진취적인 태도와도 연관된다.

33년간 선상 생활을 했던 김성식 시인은 2004년 3월 31일 바다의 날에 선장 직무 수행 중 무사고 운행 기록과 선원들의 권익보호 및 해운 산업 발전을 통한 국가 경제에 이바지 한 공로로 은탑산업훈장이 추서되었다.

"김성식 선장시인은 물결 타듯 생동감 넘치는 리얼리즘 계열로 한국문단에 해양시라는 독특한 장르를 정착시키는데 결정적 역할을 했고 외항선 선원이라는 독특한 직업, 마도로스라는 상징성과 이미지와 낭만이 플러스알파로 작용했다. 바다를 무대로 했을 뿐 아니라 해양의 리얼리티를 확보함으로써 해양시의 구체성과 현실성을 담보하고 질적으로 위상을 높였다."는 문단의 평이다. ─『해양시인 김성식 선장』(해양문화문고 제4권, 구모룡·김경복·옥태권 공저)

해양대학교는 태종대와 인접해 있고 태종대 주차장 주변에는 몇 개의 비석들이 있다. 태종대에 온 김에 선박 사고로 순직한 선원들을 위한 '북양개척자비', '의료지원단 참전 기념비' 등을 보려면 여기저기 흩어져 있기 때문에 발품을 팔아야 한다는 것을 기억하는 것이 좋겠다. 그 외에도 영도에는 기념비가 여럿 있어 하루 시간을 내어 바다를 아래에 두고 있는 영도 일주를 해 보는 것도 괜찮을 것 같다.

● 일송정 푸른 솔의 「선구자」 시비

　다음으로 둘러볼 동삼동은 매립지로서 동네가 아주 넓다. 한찬식 시비와 김소운 문학비는 바닷가 부근에 있고 광명고등학교는 산의 정상 부근에 있기 때문에 영도를 빠져나가면서 한찬식 시비와 김소운 문학비를 보기로 하고 정상 부근의 광명고등학교를 먼저 찾아 올라갔다. 역시 내비게이션은 구불구불 초행길을 잘 찾아 올라간다.

　정문을 들어서자 산을 깎아 세운 학교인 듯 넓은 운동장은 학교 건물 오른쪽 비탈 아래 자리하고 있다. 시비가 당연히 운동장 어디쯤 있지 않을까 짐작하고 내려다 봐도 보이지 않는다. 마침 앞쪽에서 걸어오는 두 분의 선생님을 만나 물어보니 선생님들이 걸어오던 뒤쪽을 가리키며 안내를 해 주신다. 살짝 내리막길은 학교의 후문으로 가는 길이다.(수업방해와 학생안전을 위해 후문은 출입금지)

　많은 차들이 주차된 곳에 거대한 자연석이 아름드리나무 그림자에 가려져 영도 바다를 굽어보고 있다. 나뭇가지를 조금 쳐 주면 시비가 햇살에 모습을 제대로 드러낼 것 같다. 넓은 어깨에 힘을 잔뜩 주고 선 역삼각형 근육질의 사나이를 연상시키는 시비에는 3절까지의 「선구자」 시가 또박또박 새겨져 있다. 시비

아래에는 배흘림기둥처럼 굵직한 받침석 2개가 가로누워 시비를 든든하게 받치고 있다. '선구자'는 우리에게 노래로 더 잘 알려져 있어 음정을 생각하며 시 구절을 조용히 읊어본다.

선구자
윤해영 작사 / 조두남 작곡

♪일송정 푸른솔은 늙어늙어 갔어도/ 한 줄기 해란강은 천년두고 흐른다/ 지난 날 강가에서 말달리던 선구자/ 지금은 어느곳에 거친꿈이 깊었나// 용두레 우물가에 밤새소리 들릴 때/ 뜻깊은 용문교에 달빛 고이 비친다/ 이역하늘 바라보며 활을쏘던 선구자/ 지금은 어느곳에 거친꿈이 깊었나// 용주사 저녁종이 비암산에 울릴 때/ 사나이 굳은마음 깊이새겨 두었네/ 조국을 찾겠노라 맹세하던 선구자/지금은 어느곳에 거친꿈이 깊었나♪

시비의 뒷면에는 용정의 광명중학교를 졸업하고 1973년 초대 이사장에 취임하신 고 우찬 이학수 선생님이 시비를 세운 뜻이 적혀있다. 조국의 광복을 위한 민족의 역량을 교육에서 찾고 교육을 통하여 민족혼을 일깨우고 한민족의 밝은 미래를 개척

하려 했다고 한다. 만주 땅에서 타올랐던 광명의 혼을 조국의 땅에 심기 위해 1989년 3월 국토의 최남단 영도에 광명중학교의 후신인 광명고등학교를 세웠다.

시비詩碑를 세우면서

 선구자 노래는 간도용정間島龍井 일대를 무대로 조국 독립제단에 신명을 바친 선구자를 기리며 추모하는 노래다. 선구자의 뒤를 잇게 하고 신학문을 깨우쳐 일제와 항쟁 독립을 쟁취하려는 일념一念으로 애국지사愛國志士들이 뜻을 모아 백두산의 정기精氣를 지니고 유연히 흐르는 해란강海蘭江 기슭, 용이 승천昇天 하였다는 용두레(龍井)에 터전을 다져 1921년에 영신永新중학교를, 1923년에 영신여학교를 세웠고 1925년에는 광명光明중학교(5년제). 광명고등여학교로 교명을 바꾸었으며 27회 졸업생을 냈다. 광복 후 광명동창들은 조국건설의 역군으로 국회의장, 국무총리, 감사원장, 국무위원 등 요직에서 진력盡力했으며 정치, 경제, 군사, 문화, 사회 발전에 이바지 했다. 이에 모교재건母校再建에 즈음하여 교정校庭에 시비時碑를 세워 후진後進들에게 그 전통과 얼을 이어받게 하고자 한다.

 교육만이 우리 민족의 미래를 헤쳐 나갈 방법임을 믿고 머나먼 타국 땅에서 어렵고 힘든 상황 속에서도 학교를 세우고 사회 발전에 이바지할 나라의 일꾼을 키워냈다는 선구자의 뜻을 다시 새겨야겠다.

1970년대에는 간도로 이주해 간 우리 조상들의 애환을 그린 드라마가 방영된 적이 많았다. 흑백 화면의 드라마는 가난한 살림살이와 암담한 미래를 그려내곤 했다. 그렇게 고생을 하면서 척박한 땅을 찾아 떠나야 했지만 가족애로 똘똘 뭉쳐 어려움을 헤쳐 나가던 스토리가 생각난다.

1993년에 제막되어 후진들에게 그 전통과 얼을 이어받게 할 의도로 세워진 시비가 숨겨진 듯 후미진 뒤쪽 주차장 옆에 있다는 것이 안타까웠다. 거대한 자연석에 새겨진 우리 조상의 얼이, 선구자의 정신이, 머리로 가슴으로 그대로 전해지려면 시비의 주변으로 일단 사람이 많이 다니며 볼 수 있는 환경이 만들어져야 할 것 같다.

뒷면 아래의 작은 동판에는 간도 용정 연혁이 새겨져 있는데 동판 표면은 군데군데 낡고 훼손되었지만 글씨는 선구자의 의지처럼 단단하고 또렷이 남아있었다. 길림성 동부에 위치한 간도는 옛 고구려 영토였다. 간도 연변자치주는 경상, 전라남북도를 합친 것과 비슷한 넓이다. 1900년대 초엽에 인구는 5만 호, 30만 명에 불과했지만 민족 자주는 민족계몽과 신학교육에 있다고 절감하고 의숙과 각급 학교를 많이 세웠다.

1910년 일본이 한반도를 강점한 뒤에는 선구자와 선열들이 간도 용정 등지에서 독립군을 조직하여 일제와의 무력 항쟁을 계속했다. 오늘날 우리가 잘 살아갈 수 있는 터전이 있는 것은 피 흘린 선구자들의 희생 덕택이다. 잊어서는 안 될 잊혀가는 역사의 한 페이지를 다시 되새겨보는 시간이었다.

● **애절한 그리움의 한찬식(1921~1977) 시비**

　광명고등학교에서 바닷가 쪽에 가까이 있다는 미니공원을 찾아 내려가기 시작했다. 구불구불 아래로 이어지는 길은 남해의 다랭이 논을 생각하게 한다.

　와치로 종합사회복지관 앞을 지나 어울림 문화공원 건물을 지나고 중리초등학교 앞도 계속 내리막길이다. 절영3차 아파트를 끼고 좌회전하니 오른쪽이 롯데캐슬이다. 희망문화공원 건물을 지나 조금 더 가니 말 대여섯 마리가 한 방향으로 달리는 형상을 한 미니공원이 대로변에 위치해 있는 것이 보인다.

　신석기 시대의 동삼동 패총, 영선동 패총으로 보아 부산지방에서 가장 먼저 사람이 살기 시작했던 곳이라 추정된다는 영도는 신라시대부터 조선 중기까지 나라에서 경영하는 국마장이라는 목장에서 말을 방목하여 명마가 많았다고 한다. 하루에 천리를 달리는 천리마가 빨리 달리면 그림자가 못 따라 갈 정도라 하여 끊을 절切, 그림자 영影을 붙여 절영도라 불렀다 하니 이 말들이 바로 옛 절영도의 명마들인가 보다. 그중 한 마리에는 올라 탈 발판과 안장이 얹혀 있는데 8세 이상은 탈 수 없다는 안내판이 있다.

말들의 미니공원 바로 한 칸 윗길에 영도구청 쪽으로 나가는 길의 도로변에 도로공원인 미니공원이 있다. 3개의 솟대와 두 장승과 한찬식 시인의 시비와 효자비와 김소운 문학비가 바다를 뒤로 하고 길 쪽을 향해 나란히 서 있다.

키 큰 솟대가 바다를 건너오는 바람의 이야기를 먼저 전해 듣고 한찬식과 김소운에게 자랑하듯 속삭이는 지도 모르겠다.

시비는 기단석 위에 자연석으로 된 비신이 있고 위에 조형이 되어있다. 비신에는 오석 두 장을 붙여 왼쪽에는 시인의 생전 활동을 기록하고 오른쪽에는 시「늪」을 가로새겼다.

늪이 있다
하늘이 있다
별들이 있다
곧은 지평선이
땅거미를 더불어
먼 저편 아슴하니 나앉을 때
나는 늪이 되어 괴어 간다

영원히 수줍은 국외자일까
절박한 항해에선
별을 헤이지 못하듯
나는 나를 계산치 않고
가장 아픈 밑바닥에서
스스로의 인과因果를 시험하면서
멸滅하지 않을
의지의 하늘을
그 위에 포갠 다음
긴
밤 아침에 눈을 뜬다

― 한찬식 「늪」 전문

한국전쟁 중 많은 사람들이 마지막 보루였던 부산으로 몰렸고 갈 곳 없는 이방인들은 영도다리 위로 꾸역꾸역 밀려들었다. 어쩌다 보니 바깥쪽 사람들의 터전이 되다시피 한 영도는 소금기와 바람을 생명력으로 한 탄탄한 부산의 섬이 되었다.

1남 6녀 중 막내로 태어난 한찬식 시인은 부유한 집안에서 자라 일본 명치대학에서 3년간 공부했고 6.25 때부터 죽을 때까지 영도 청학동에서 살았다. 한찬식 시인의 삶은 잊혀가는 전쟁에 대한 안타까움, 돌아갈 수 없는 고향과 어머니에 대한 애절한 그리움, 소용돌이치는 현실을 살아야 하였던 절박함으로 요약할 수 있다. 가장 활발하게 활동한 시기는 1950년대 후반부터 1960년대 후반까지이며 전장의 비참함과 실존감각을 주로 노래했다. 영원히 수줍은 국외자라 인식하는 것도 월남하여 부산에 정착할 수밖에 없었던 시대적 상황이 개인에게 깊은 상처로 남아있는 데서 비롯한 것이다.

- 부산역사문화대전 손남훈 평론가 -

한찬식 시비가 왜 하필 미니공원에 있는지 궁금했다. 솟대가 세워진 유래와 한찬식 시인의 절박했던 상황이 시기적으로나 표출할 수 없는 슬픔의 맥락이 같기 때문이 아닐까 생각해본다. 6.25전쟁 초기 국가보안법 위반 혐의로 체포된 좌익 수감자나 제주 4.3사건으로 형을 선고받은 수감자 등이 부산형무소에 수감되어 있었고 형무소 내에서 처형이 이루어지기도 했으며 수감자 중 일부는 병에 걸리거나 열악한 환경을 견디지 못해 숨지기도 했다. 시신은 바다에 버려지거나 야산 등에 암매장 되었다. 1950년 9월 심야에 트럭에 실려 온 시신 200~300구가 미니공원 일대에 암매장 되었다. 1960년 4.19혁명 직후 피살유족회가 결성되면서 전국적으로 유골 발굴이 이루어졌지만 이곳은 방치되었다. 암매장 현장 위로 4차선 도로가 설치되어 유골 발굴을 통한 사실 확인이 어렵게 되었다. 암매장 사실을 잘 아는 지역 주민들이 2000년경 현장에 위령비 건립을 추진했으나 관계 당국이 만류하여 주민들이 위령비 대신 솟대를 세웠다 한다.

● 일생을 고독하게 살다간 김소운(1907~1981) 문학비

　김소운(1908.1.15.~1981.11. 2.)은 우리 문학을 일본에 알리는 데 선구적 역할을 한 시인 겸 수필가다. 본명은 교중이며 광복 후 소운으로 개명했고 삼오당이라는 필명을 썼으나 말년에는 소운 이라는 필명을 썼다고 한다. 한국 수필 문학사에서 현대를 대표하는 중요한 수필가 가운데 한 사람이다.

　22세 때 44세인 키타하라 하쿠슈(와세다 대학 문학부를 졸업한 일본 최고 시인)에게 조선 근대시를 일본어로 번역한 글을 가져가면서 인연을 맺게 되었다. 한국의 근대시에 감탄한 키타하라에게 사사하여 시 공부를 하게 되면서 이어지는 일본에서의 생활은 34년간 계속되었다.

대표적인 서간문 형태의 수필 「목근통신」은 대한일보에 연재 (1951)되었고 학교 교재에도 나왔으며 가와바타 야스나리의 소개로 《중앙공론》지에 소개되었다. '일본에 보내는 편지'라는 부제가 붙은 이 글은 그곳 지성인들의 양식에 호소하고 충격을 주었다. 우리나라 사람들이 일본인으로부터 받은 모멸과 학대에 대한 항의, 일본인의 습성 속에 배어있는 허위와 약점에 대한 예리한 지적, 우리나라에 대한 깊은 애정과 연민이 드러나는 글이다. 작가 스스로 쓰는 보람을 가장 떳떳이 안겨 주었던 글이라고 한다.

30여 권의 저서가 있는 김소운은 한 번도 졸업장을 받아보지 못하고 동창도 없고 부모형제도 없고 처자의 인연조차 두텁지 못했다. 항상 단독 무소속으로 일본으로 갈 사람, 지나가는 손님 대접을 받았던 김소운은 "구름이 흘러가듯 바람이 스치듯 담담한 글발에서 부지불식간에 인생을 생각하게 하는 것이 정통 수필"이라고 하였는데 수필의 진정한 핵심을 콕 집어낸 표현이라고 생각한다.

같은 수필가로서 김소운의 문학비가 좀 더 컸다면, 한 구절이나마 작품이 새겨져 있는 시비였다면 하는 아쉬움에 평생을 고독하게 살다간 시인이 죽어서도 사람들에게 잊히고 업적조차 기억에서 사라질까 안타까워 문학비를 몇 바퀴 돌며 고인을 추

모했다.

　김소운의 시비는 소외받고 문학사적으로 중요한 족적을 남긴 국문학자 및 일본학자 등 작고 문인들의 문학비 건립을 주요한 활동으로 하는 '우리문학 기림회'에서 1998년 2월 18일 세운 것이다. 1982년 동경대학 비교문학 비교문학연구실이 제정한 '김소운상'(학예연구장려상)은 그 후로도 잘 운영되고 있다 한다.

— 최일남(동경대학 비교문학연구 교수),
정혜영(대구대학교 기초교육대학 초빙교수)

　요소요소에 작은 공원이 꾸며져 있는 영도는 섬 전체가 문화공원이라는 느낌이 든다. 영도 출신이거나 영도와 관련 있는 작가들의 시비가 영도를 품격 있는 지역으로 만들고 시비들이 푸른 바다를 배경으로 하고 있어 시를 보며 느끼는 정서와 풍경을 함께 즐기면 일석이조의 영도 탐방이 될 수 있겠다. 실향민의 애환이 서렸던 영도다리는 이제 '부산대교'와 함께 명실공히 부산의 시내와 영도를 잇는 가교가 되어 막힘없이 흐르는 혈관의 역할을 다하고 있다. 영도다리의 바닥에 그려진 활기차게 날아오르는 하얀 갈매기 모습은 부산의 상징이다. 롯데야구팀의 응원가로도 유명한 '부산 갈매기' 노래를 흥얼거리며 영도다리를 다시 돌아본다.

직지사 가는 길

　임인년 시월 마지막 주, 김천 가는 길은 단풍이 딱 제철을 맞은 만산홍엽과 짜릿하게 눈 맞춤 하며 가는 시간이었다. 눈은 단풍을 보니 즐겁고 귀는 오랜만에 얼굴을 대하는 문학인들의 수다에 열린다. 금강산도 식후경이니 일찌감치 무릎에 놓인 먹거리 봉투에서 김밥 냄새가 솔솔 코를 자극한다.
　봄 벚꽃이 장관이라는 연화지에 도착하자 시들고 마른 연잎들이 손에 쥐면 바스라질 것 같다. 무심하게 뿜어대는 분수와 봉황대 정자를 느긋하게 바라본다. 봄이라면 크지도 작도 않은 호수가 참 장관이겠다 싶다. 연화지를 끼고 김천예술고등학교를 졸업했다는 가수 김호중의 스토리를 담은 벽화길이 보라색으로 장식되어 있다. 그 유명한 BTS 아미만 보라색인 줄 알았다.
　김천 토박이 송 선생님의 김천 자랑이 구수하다. 개인의 역사를 오늘에 되돌아보니 오묘한 인연의 연속이었음을 밝히는 스토리가 맛깔스럽다. 버스 안의 분위기가 고조된다. 김천의 오일장은 5일과 10일이고 경부선의 중간 지점이며 청정 도시로서 공장이 없고 유한 킴벌리가 유일하다니 청정 도시를 유지하기 위한 노력이 놀랍다.

  신라의 불교는 눌지왕 때 받아들였다고 알고 있다. 불교가 번성한 이유를 경상도 억양으로 차지게 설명하는 해설사의 이야기가 재미난다. 아픈 자식을 낫게 해 주는데 무얼 못 해주랴. 공주를 낫게 한 아도화상이 구미에서 서쪽 끝을 손가락으로 가리킨 곳이 태백산맥이 뻗어 내리다 끝을 맺은 김천이고 좋은 기가 모인 곳에 직지사를 세웠다고 한다. 곧을 직, 손가락 지를 써서 직지이기도 하고 '직지인심 견성성불' 마음을 보라는 의미가 되기도 한단다. 어느 절에나 절집 벽화에 그려져 있는 원효와 의상대사의 해골 물 이야기도 덧붙여 '일체유심조'를 설명하며 만사가 자신의 마음에 달렸음을 일컫는 말도 '직지인심'과 다르지 않다는 설명이다. 흐느적거리는 정신력을 곧추 세우려는 죽비소리 같다.

  직지사는 사명대사가 득도했다는 곳이기도 하다. 사명각의 한문 편액을 박정희 대통령이 썼다고 한다. 왼쪽에서 오른쪽으로 읽힌다. 가끔 다른 사찰에서도 오른쪽으로 쓰인 편액을 볼 수가 있었는데 누구도 설명을 해주지 않았다. 대통령의 측근으로부터 전해 들었다는 내용은 한글 읽는 식으로 쓴 것이 아닐까 추측한다는 얘기만 전한다고 한다.

일제 압박 시기의 흔적을 고스란히 안고 있는 움푹 파인 소나무의 상처에 가슴이 시리다. 송진 공출을 위해 몸을 내어주며 상처가 날 때 얼마나 피눈물을 흘렸을까. 몇십 년이 흘러도 상처는 치유되지 않고 흔적만이 세월이 흘러도 짙게 남아 있다. 전국의 소나무가 그러했을 것이니 조선의 백성과 함께 모진 세월을 견뎌낸 꿋꿋함이 안쓰럽다.

직지사의 정종의 태항아리를 비롯하여 전국의 길지에 묻힌 왕들의 태항아리를 파내 경기도 고양시 일산으로 모아서 가두었다는 이야기도 충격이었다. 지기가 무엇인지 알기에 발동할까 두려워 한곳에 파묻은 것일 텐데 태백에서 뻗어 내리는 지기가 얼마나 대단한지를 아는 일본인이 있었나 보다.

동심으로 돌아가 모두 활짝 웃으며 낙엽을 배경으로 한때의 풍경이 되어 본다. 이 아찔한 가을을 몇 번이나 더 볼 수 있을까. 오늘은 살아온 날의 가장 나이든 날, 앞으로 살아갈 날의 가장 젊은 날이라고 누군가가 말했단다. 입장권을 끊을 때 65세 이상이 60%를 넘는 걸 보며 걸을 수 있을 때 다니자는 마음이 똑같지 않았을까 싶다. 세상을 보는 눈이 너그러워지는 나이의 사람들이 함께하는 하루의 잔잔히 흐르는 서정이 사랑스럽다.

대마도 기행

　해외여행을 오랜만에 다녀왔다. 경남정보대 디지털문창과 1학년의 출사여행이다. 가깝고도 먼 나라 일본과 부산의 사이에 있는 대마도까지 비바람이 부는 관계로 파도를 넘느라 평소보다 시간이 조금 더 걸렸다.

　여행이란 떠나기 전에 그 지역을 대충이라도 살펴봐야 하는데 만물박사 인터넷으로도 별로 건질 게 없었다. 호기심으로 가득한 여행이 시작되었다.

　한국전망소를 먼저 들렀다. 서울 탑골공원에 있는 팔각정을 모델로 하였고 재료도 한국에서 공수해 완성했다고 한다. 한국전망소 이층에서는 날이 맑으면 부산이 보인다는데 비바람이 부는 변덕스런 날씨라 비 피하기 바빴고 대마도에서 보이는 부산 야경의 광안대교 사진만 볼 수 있었다.

대마도 하면 역시 '조선통신사'를 빼놓을 수 없다. 임란 이후 조선에서 일본으로 보낸 외교 사절 명칭으로 모두 12번의 조선통신사가 갔는데(1607~1811) 초청하는 곳에서 엄청난 비용을 썼다. 당시만 해도 일본보다 한 수 위였던 통신사 일행이 일본에 머무는 동안 한시, 그림, 유학 등을 일본인에게 전수하였다. 횟수를 거듭할수록 통신사 일행이 통과하는 일본의 각 번에서는 경제적 부담의 가중과 일본의 내적 발전으로 조선에서 더 배울 것이 없다는 이유로 마지막 12회 통신사는 일본 에도까지 못 가고 대마도에서 국서를 전달하고 갔다. 조선통신사가 500명의 대규모로 일본을 찾아오는 것을 조선이 일본 막부 정권이 두려워 조공하러 온다고 속여 지방 영주들의 반발을 차단하는 선전술로 이용하기도 했다니 섬사람들의 약삭빠른 기질은 타고난 것 같다.

 대마도 장송사에는 고려 현종 때 여진족의 침입을 막기 위해 처음으로 제작한 대장경인 '초조대장경'의 인쇄본이 보관되어 있다. 여기에서 중요한 사실은 북쪽 대륙 세력의 남침을 막기에 여념 없었던 고려에서는 불력佛力으로 왜구의 한반도 진출을 막기 위해서 당시 고려의 울타리 안인 대마도에 가져다 놓았던 것이고 그 말은 대마도가 우리 땅이었다는 설에 힘이 실린다는 말이다. 신무천황과 그 옛날의 역사를 되돌아보는 시간은 정말 재미있을 것 같다. 독도는 당연히 우리 땅이고 대마도도 우리 땅이라고 주장하고 싶다.

면암 최익현 선생은 한민족 역사상 가장 혼돈했던 망국의 시기에 우국충정으로 일관하시다가 최초로 독립 의병 전쟁을 창도하셨고 마침내 적진 대마도 땅에서 비장하게 아사 순국 하셨다 한다.

그 외에도 백제의 왕인박사 현창비, 조선왕녀(선조 옹주) 묘, 신라국사 박제상 공의 순국지비, 통신사 황윤길 현창비 등이 대마도에 있고 있었다는 기록이 있다는데 못 가 본 곳이 많다. 한국의 쓰레기도 흐르다가 해류를 따라 대마도로 간다더니 대마도와 한국이 어느 역사의 한 페이지에서 흐르지 않는 체증으로 묶여 있는 것 같다. 면세점보다는 아예 가보지도 못한 이런 곳을 가야 하지 않나 싶다. 덕혜옹주 결혼 봉축 기념비를 시간관계상이라며 그냥 지나갔다.

가이드의 귀에 콕콕 박히는 설명은 머리에 쏙 들어올 정도로 새로운 지식이었다. 오십대 여성의 해박한 대마도 지식에 홀려 면세점으로 인도하는 길목에서도 우리는 영혼이 없는 듯 '일렬종대로 앞으로 가'였다.

아는 만큼 보이는 나라, 자세히 보는 만큼 알게 되고 또한 아는 만큼 즐기면서 식견을 넓히게 된다. 자메이카의 세계 3대 최고급 원두를 사용한다는 일본. 커피 전문점은 거의 보이지 않고 자판기가 심심찮게 눈에 띈다. 일본의 마트와 식당에서 여기는 역시 일본이라는 에누리도 덤도 없는 확실함을 본다.

 정령들이 살 것 같은 우거진 숲들이 대마도 전체를 뒤덮고 있다. 따라서 습한 기운이 곳곳에 떠돌고 날씨마저 내내 비가 오다 그치다 하는 일박 이일이었다. 섬세하고 정교하며 철두철미한 느낌의 섬나라 여행을 마친다. 역사는 작은 발견으로부터 시작된다는 가이드의 해설이 마음에 남는다.

독일 문학 기행 스케치

12시 30분 발 비행기는 인천에서 뮌헨까지 직행한다. 저녁 7시, 노보르스키 상공을 지나고 있다. 옆 사람은 시계를 12시로 돌려놓는다. 첫 유럽 여행 12시간의 연속 비행은 설렘도 잠시 주리가 틀리기 시작한다. '라푼젤', '킹스 스피치' 등 영화를 보다가 복도를 오가기도 하면서 견딘다.

오후 5시 30분 뮌헨 공항에 내렸다. 퀼른행 비행기 이륙 시간은 7시, 2시간을 뮌헨 공항 내를 어슬렁거리며 낯선 풍경을 눈에 넣는다. 퀼른에 내리니 8시 30분인데 한국의 대여섯 시 정도의 밝기라 어리둥절하다.

다음 날, 퀼른 Ramada호텔에서의 체크아웃 때 아무리 찾아도 Key가 보이지 않았다. 아무래도 어제 문밖 열쇠구멍에 꽂아 놓고 몸만 들어왔나 보다. 이젠 쉴 수 있다는 생각에 집에서 하던 실수를…. 진땀만 흘리고 서 있다가 키를 가져온 종업원에게 사례로 10유로를 주었다.

어느 호텔에나 청소하는 사람은 외국인이었다. 일자리 창출을 위해 난민을 많이 고용한다고 한다. 어려운 일을 하는 난민들을 위해 팁 문화를 만들었고 우리도 베갯머리에 1달러씩을 놓고 나오는 에티켓을 실천했다.

쾰른은 탄광촌이 있던 자리여서 물에는 석회가 많다. 음료수 산업 등 서비스 산업이 발달하여 운전기사도 물을 파는 알바를 했기 때문에 날마다 0.5리터 물을 한 병씩 샀다. 일주일 이상 비가 안 와서 건조하고 대체로 음식이 짰기 때문에 물은 요긴하게 쓰였다.

독일 최대의 고딕 양식 건축물인 쾰른 대성당의 533개의 나선형 계단을 올라갔다. 천주교인들의 감탄사가 터지고 기도 소리가 조용히 퍼진다.

로렐라이 언덕으로 이동해 라인 강을 내려다보며 절경을 감상하고 미스 김 라일락나무와도 이별하였다. 프랑크푸르트의 세계적인 문학의 거장 괴테 생가에 발을 들여 놓으려니 왠지 떨린다. 시 청사 앞에는 동상이 있었고 동상 뒤에는 교회가 있다. 동상이 시청을 바라보고 있는 것은 항상 보는 시선이 있으니 청렴하라는 뜻이란다. 시청 건물의 용도는 결혼식을 하는 곳이고 시의 업무는 조금 떨어진 다른 곳에서 본다고 한다.

 호텔식으로 여러 종류의 빵과 치즈, 햄과 커피와 과일 등으로 느긋하게 즐기는 아침식사 시간을 제일 사랑한다. 날마다 반찬 걱정, 챙겨야 할 사람, 신경 써야 할 일을 하지 않아도 된다는 사실이 행복으로 와 닿는다. 점심과 저녁은 현지식과 중식 일식 한식으로 골고루 먹을 수 있었다. 한국인이 하는 식당의 어느 날 저녁 메뉴인 김치찌개가 매콤하게 입에 맞았다. 식당에서 나올 때 노을이 지고 있었다. 노을 색깔이 날마다 다르다고 하더니 주황색이던 어제와 달리 오늘은 보라색 노을이 지고 있었다.

 다음 날 오랫동안 독일의 학문과 철학을 이끌어온 네카강 변의 대학도시 하이델베르그를 향해 출발했다. 하이델베르그 성은 700년 역사의 중세를 대표하는 독일에서 가장 아름다운 주거 궁전이다. 1632년에 30년 동안의 상속 전쟁으로 파괴되었고 그 후 재건하였으나 1836년에 번개를 맞아 다시 무너진 후 증축을 않고 그대로 있었다. 고대의 성들은 모두 하늘과 가까운 높은 곳에 위치해 있어 전동차를 타고 올라갔다. 괴테가 8번 왔다갔다는 기록이 입구 담벼락 위에 동판으로 새겨져 있었다. 30세의 유부녀 마리안네와 67세의 중후한 노인 괴테가 사랑을 속삭였던 정원의 돌 벤치에 앉아 불륜의 체험적 사랑시를 쓴 괴테를 떠올린다.

점심때, 돈가스 집으로 들어가서 식사를 기다렸다. 키가 크고 허연 머리의 노인이 양손에 접시를 몇 개씩 들고 와서 '전달! 전달!' 하는 말에 모두 배꼽을 잡았다. 할머니로 보이는 여성에게는 '누님~' 중년의 여성에게는 '노처녀~' 젊다 싶은 여성에겐 '아가씨~' 중년 남자에겐 '노총각'이라고 불러준다. 손님을 위한 맞춤 서비스가 기발하다.

가장 오래된 도시인 로덴부르크의 인구는 15만이다. 전통가옥들은 빈틈없이 다닥다닥 붙어 있었고 작은 창문에는 예쁜 레이스 커튼이 앙증맞게 붙어있어 장난감집을 보는 것 같았다. 독일에는 과거와 현대와 미래의 건물이 공존한다고 한다.

버스 운전석 뒤 왼쪽 위에는 바깥 온도와 현재 시각을 알려주는 전광판이 깜박인다. 버스 밑에는 '타코미터'라는 그래프가 있어 운행이 기록된다. 운행 2시간마다 30분씩 쉬어야 하고 밤에는 10시간 이상 타이어가 쉬어야 하는 법이 있다 한다. 아우토반을 지날 때 제한되는 곳이 있기도 하지만 차 성능에 따라 300㎞로 달려도 노면이 탄탄하다고 한다.

국도를 달리다가 고속도로 진입하기 전 마지막 주유소 겸 마트에 들렀다. 화장실 사용료가 20센트인데 그곳에서 물건을 살 때는 화장실 사용료를 물건 값에서 제할 수 있다. 로만티크 가도를 따라 달리며 중세의 문화와 낭만을 감상한다. 이동 중에

본 거대한 숲에는 오래되어 고사한 나무도 있었는데 오래된 나무는 베어 바싹 말려서 손톱만큼씩 잘라 연료로 쓴다고 한다.

퓌센의 깎아지른 절벽 위에 세워진 노이슈반스타인 성에서 루드비히 2세의 고독했던 삶이 화려한 궁전의 곳곳에 진하게 스며있다는 느낌을 받으며 성을 나왔다. 1500년에 건립된 인스부르크의 상징물인 막시밀리안 1세의 황금 발코니 지붕을 구경하고 마리아테레지아 거리와 구 시가지를 돌아보았다.

다음 날은 조금 일찍 나섰다. 관광객이 많기 때문에 미리 예약해 둔 유람선으로 볼프강 호수를 건너고 유네스코 세계문화유산지로 지정된 암염광산 할슈타트로 이동했다. 이곳에서도 화장실 사용은 50센트를 내야 했다. 가이드의 꾀대로 한 사람이 들어가면 나올 때까지 뒷사람이 문이 닫히지 않게 잡아주는 식으로 모두 싸게(?) 일을 볼 수 있었다.

'사운드 오브 뮤직'에 나오는 바로크식의 아름다운 미라벨 정원과 궁전, 모짜르트의 생가와 대성당, 간판이 아름다워 유명해진 '게트라이트 거리'를 답사했다. 마침 부활절 미사를 올리는 시간이어서 대성당의 4개의 파이프오르간이 동시에 내는 웅장한 소리를 들을 수 있었고 교인들은 대주교님에게 직접 성체를 받았다며 좋아 어쩔 줄을 모른다.

마지막 날, 유럽 중부 지역에서 가장 잘 보존된 천연 요새인

호엔잘츠부르크 성 내부를 답사하고 뮌헨 근교 그레펠핑으로 이동했다. 이번 문학 기행의 제1 목적인『압록강은 흐른다』의 저자 이미륵 박사 묘소 참배를 했다. 간단한 제물을 차려놓고 술을 따르고 절을 했다. 나는 젓가락을 옮겨 이미륵의 혼이 골고루 드셨으면 하는 마음을 표했다. 이미륵 박사는 그의 독문 작품을 통해 동양사상을 비롯해 한국의 정신문화를 소개해 왔으며『압록강은 흐른다』는 유려하고 간결한 문체로 유럽 신문에 100회가 넘는 비평이 게재되었고 독일 고등학교 교과서와 한국 고등학교(문학), 한국 초등학교(읽기·논술)에도 실렸다 한다.

여행은 목적지를 찾아가는 과정이다. 누구와 가느냐에 따라 감흥의 강도가 다른 것 같다. 버스 이동 중에 즉흥적 작품을 발표할 땐 나이도 잊고 모두 문청이 된다. 버스 앞 커다란 차창으로 내다보이는 영원히 이어질 것 같은 아우토반이 눈을 감으면 사라진다. 천상천하 유아독존, 내가 있고서야 이 아름다운 세상이 있다는 사실은 영원한 진리이다.

괴테 생가

어린 시절의 환경은 그 사람의 인생을 좌우하는 요인이 된다. 요한 불프강 폰 괴테는 1749년 8월 28일 프랑크푸르트 암 마인에서 황제의 법무관인 아버지와 부시장의 딸이자 공주의 개인 지도 선생인 어머니의 사랑 속에 태어나 자란다.

대학 입학 때까지 16년을 보낸 괴테 하우스는 16세기에 지어졌으나 2차 대전 때 파괴된 것을 전쟁 후에 복원한 것이다. 1906년 프랑크푸르트 시 문화재 관리국에서 문화유산으로 괴테 생가를 사들여 박물관을 만들었다. '젊은 베르테르의 슬픔'을 집필한 책상이 그대로 있었다. '프랑크푸르트 시민의 위대한 아들'이라는 호칭을 받았던 대문호 괴테가 태어난 프랑크푸르트는 독일 학문의 중심지이자 사회비판 철학의 메카로 불린다.

'아버지의 방'에 쪽문을 내고 괴테가 학교에서 돌아오는 것을 늘 지켜보고 있던 아버지가 부담스러웠다고 하지만 20대 초반에 변호사를 개업하고 여러 문인과 교제하며 광범위한 독서에 몰두할 수 있었던 것은 부유한 부모덕이었다. 삼대 밭에서 나는 풀은 삼대 키만큼 큰다고 했던가.

방마다 난로가 있는 5층 건물의 생가는 귀족은 아니었지만 중산층인 괴테가의 재력을 가늠할 수 있었다. 1층 주방에는 강물을 끌어들인 수도와 빵을 굽는 화덕이나 동제 빵틀, 고급 식기류가 식탁을 중심으로 사방 벽에 진열되어 있다. 1층 입구 옆 연회장에서 내다보이는 자그마한 잔디 정원은 꽃들이 피어 봄을 자랑하고 있었다.

2층 복도 왼쪽 벽에 걸린 로마 원형경기장 등을 그린 괴테의 연필화 몇 점을 보고 입을 다물지 못하였다. '어머니 방'의 피아노에서 명랑하고 상냥한 어머니의 아들에 대한 따뜻한 사랑이 느껴진다. '아버지 방'의 많은 책과 그림들은 어려서부터 문학과 예술을 가까이하여 8세에 시를 짓고 13세에 시집을 낼 정도로 조숙한 문학 신동 괴테의 어린 시절을 상상하기 충분했다.

3층 복도의 천문시계는 지금도 시간이 잘 맞았다. 괴테가 태어난 1년 후 1750년에 만들어졌는데 태양, 달의 위치 및 모양도 나타낸다. 태엽을 감아서 움직이는데 태엽 감기 6시간 전에 시계 아래쪽의 곰 인형이 눕는다고 한다.

외할머니가 선물했다는 인형극 무대, 자살했다는 여동생의 음침해 보이는 방, 벽지를 구하지 못해 2년여를 기다린 후에 벽지를 구해 방을 꾸몄다는 '중국의 방'의 고가의 벽지는 무척 화려했다. 무엇보다도 바닥과 계단의 삐거덕거리는 소리까지 복원했다는 데에 놀라지 않을 수 없었다. 한꺼번에 많은 사람이 이동할 때는 가이드의 말소리가 들리지 않을 정도였다.

1772년 23세에 업무상 베츨라르에 머물 때 사귄 새 친구 케스터너의 약혼자가 샤를로테 부프였는데 첫눈에 반해 짝사랑을 하게 된다. 고향으로 돌아온 얼마 후, 한 친구가 자신과 비슷한 상황에 처해 자살했다는 비보를 듣고 이 소재에 자신의 체험을 섞어 쓴 소설이 '젊은 베르테르의 슬픔'(1774)이다. 주인공 베르테르의 옷차림이 유행하고 모방 자살까지 일어나는 등 폭발적인 인기를 끌었다. 20대 중반에 하루아침에 유명작가가 되는 괴테의 일생에서 질풍노도의 청춘시대가 시작되는 시기였다.

전체를 볼 줄 알아야 부분도 볼 줄 안다는 말이 있다. 독일 문화를 이해하려면 모차르트와 괴테, 베토벤과 쉴러를 한데 묶는 2가지 문화가 공존하는 이유를 알아야 한다고 한다. 모차르트와 괴테의 세밀하고 우아하며 세련되고 여성적이라 할 수 있는 점과 베토벤과 쉴러의 엄숙과 장엄, 웅장한 남성적인 문화가 그것이다. 불교 문학을 이해 못 하면 한국 문학을 이해할 수 없듯이 성경을 이해 못 하면 괴테의 파우스트를 이해할 수 없다고 한다. 다른 유럽 문학에 비해 낙후되었다고 평가되던 독일 문학은 괴테의 파우스트를 비롯한 대표작으로 인해 독일 문학의 수준을 일거에 드높였다.

26세인 1775년에 프랑크푸르트를 떠나 바이마르에서 성공적인 공직생활을 하지만 내면의 예술을 향한 갈증에서 비롯된 불안이 나날이 커져 연상의 연인인 샤를로테 폰 슈타인이나 당대의 지식인 헤르더와의 교제도 욕구불만을 해소시키지 못하고 10년 만에 도망치듯 혼자 여행을 떠난다.

1788년 여름에 바이마르로 다시 돌아온 괴테는 이탈리아 여행에서의 경험으로 고전주의적 예술관이 확립되고 혁명적이라 할 만큼 인생의 중대 전환점을 이루게 된다. 여행을 통해 크게 변모된 괴테를 이해 못 한 친구들과의 결별이 이어지며 긴 고독이 시작된다. 다행히 독일 문학의 거장인 극작가 쉴러와 교류함으로써 1794년(45세)부터 시작된 두 사람의 우정은 수많은 명작들을 탄생시킨다. 그러나 1805년에 10살 아래인 쉴러가 46세의 나이로 사망하자 큰 충격을 받는다.

1807년 이탈리아에서 돌아온 괴테는 크리스티아네 불피우스와 결혼한다. 일생 동안 9명의 여성과 애정을 나누었지만 결혼한 것은 이 여성뿐이었다. 비순응주의자인 그가 사회 습관인 결혼에 순응하게 된 것은 프랑스 군의 침입으로 생명과 재산이 위협받았기 때문이었다.

마법사 파우스트는 16세기에 유럽 전역에 유행한 전설의 주인공이었다. 희곡 『파우스트』는 구상에서 완성까지 60년이 걸린 작품이다. 대학 졸업 직후부터 쓰기 시작하여 미완성 상태로 간행된 「파우스트 단편」(1790)을 읽은 쉴러가 감탄하여 완성을 독려하자 1797년(48세)에 집필을 시작하여 11년 뒤 1808년에 완성했고, 2부는 1825년(76세)에 시작되어 6년 뒤인 1831년 사망하기 전 해에 끝났다.

1809년 환갑 때부터 사망 때까지 20여 년간은 비교적 평온한 삶 속에서 괴테의 창작력은 절정에 달하고 『파우스트』 1부(1808)와 『빌헬름마이스터의 편력시대』(1829) 등 수많은 작품이 탄생한다. 1825년(76세)에 『파우스트』 2부의 집필을 시작해서 6년 뒤 1831년에 탈고했지만 원고를 봉인한 후 사후에 발표하도록 주위에 지시한다.

시와 소설, 희곡과 산문, 그리고 방대한 양의 서한을 남긴 괴테는 83세를 일기로 죽기 한 달 전까지도 연애편지를 썼다고 한다. 74세에 17살의 소녀에게 프로포즈할 만큼 정열적이었다. 그런 의미에서 괴테의 나이는 숫자에 불과하고 열정이 있는 한 젊다고 할 수 있지 않을까. 위대한 인물에게도 죽음은 신의 섭

리였다. 1832년 3월 감기에 걸렸는데 다시는 일어나지 못했다. 3월 22일 '좀 더 빛을'이라는 마지막 말을 남긴 채 다채롭고 파란으로 가득한 독일의 보배. 문화 인물 중 으뜸으로 평가받는 괴테의 생애는 끝이 나고 바이마르의 한 묘지에서 평생의 지기였던 쉴러의 곁에 눕는다.

미서부 여행 7박 8일

　미서부 문학 기행 후반부 2박 3일은 요세미티 국립공원 부근의 맘모스 산장에서 묵기로 되어 있다. 전반부를 안내하던 가이드와는 어제 저녁 작별을 하고 오늘부터는 부산여성문학인협회 교류의 주역인 미주 문인 김문희 선생님이 안내를 맡으신다. 미주 문인 14명이 로스엔젤레스 '작가의 집'에서 합류했다. 2박 3일 동안 산장에서, 여행 중에 우리가 먹어 치울 먹거리가 버스 밑 짐 칸을 다 채우고도 두 대의 밴에 실리고 있다.
　며칠째 잠을 자는 시늉만 한 탓인지 입안엔 혓바늘이 돋고 입술 위엔 뾰루지가 나서 거슬리지만 산장마을 숲속의 통나무 집을 간다는 마음이 이 모두를 날려버린다. 날씨도 흐리고 오후에 도착할 곳이 고지대라 가이드의 안내대로 따뜻한 옷으로 갈아입고 출발. 버스는 LA 시내를 벗어나 북쪽을 향해 한참을 달렸고 구름 한 점 없는 새파란 하늘을 이고 간간히 푸른 들판과 그리 크지 않은 나무들과 가끔씩 지나가는 차들이 심심찮은 볼거리다.

모하비 사막에 위치한 레드락캐니언, 오랜 세월의 풍화 작용으로 거대한 고대도시 같은 건축물 모양의 붉은 빛깔들의 절벽이 커튼처럼 서 있는 장관이 펼쳐진다. 아침과 저녁과 해 질 녘의 절벽 색깔이 다르다고 한다. 사막의 거대한 풍력 발전기 지역을 지난다. 사막의 열기를 식혀줄 것만 같다. 론파인 알라바마힐스의 영화 촬영지, 낯익은 듯 낯선 듯 서부영화에서 본 풍경이었다. 금광을 찾아온 사람들이 천이백 명이나 죽었다는 데스벨리, 다이아몬드 같은 소금 섬들은 붓으로 쓸어내리기를 한 듯 부드러운 붓질의 느낌이 수묵화를 보는 것 같다. 어쩌다 내리는 비에 감질나게 물을 마시고 살아남은 작은 나무들, 화산이 폭발해 검게 된 돌이 웅크리고 모여 있고 철과 아연이 나오는 바위산들은 붉다.

이스튼시에라에서 반찬이 야무진 한식 도시락으로 점심을 해결한다. 초원에서 알파카라는 처음 보는 동물을 만나고 외국인도 더러 보이니 비로소 이국의 느낌이 난다. 산이 산을 품고 있는 하늘엔 구름이 우릴 따라오고 있다. 사막이 끝나고 숲이 시작되자 먼 산에 만년설도 보이기 시작한다. 눈이 많이 오는 곳이라 일정 거리마다 적설량을 알 수 있는 기둥이 있다. 군데군데 산장들이 보이기 시작하고 캠핑카가 눈에 많이 띈다.

맘모스 레이크는 해발 2,400m의 고지대에 형성된 유명한 사계절 휴양지로 1년 내내 등산, 스키, 낚시를 즐기는 관광객이 끊이지 않는다고 한다. 그러나 가을만 해도 눈이 많이 오기 때문에 갈 수가 없어 6, 7, 8월 3개월만 오픈한다. 호텔이 없기 때문에 여행사를 통하는 일반 관광객은 올 수도 없는 이곳에 산장 주인의 안내로 온 우리는 선택된 사람들이라는 설렘이 있다.

산장의 입구마다 키 큰 은사시나무가 연초록 작은 이파리들을 흔들며 반갑다고 인사한다. A 산장의 문패는 Snowcreek. 일행 중 젊은 축에 드는 우리가 배정받은 이층의 널따란 리빙룸. 주방과 벽난로와 기역자의 소파가 동거하고 있었다. 창문이 많은 리빙룸의 블라인드를 걷고 창문을 열었다. 숲의 바람이 밀려들어와 잠자던 공기를 깨운다. 고산병이라고 추측되는 알 수 없는 두통으로 몇 사람은 두통약을 먹어야 했다. 저녁식사 시간까지 산책을 하기로 했다. 먼 산 위의 잔설이 푸른 숲과 대비되어 더욱 선명한 하늘 아래서 산장을 배경으로 미국의 풀 향기까지 사진에 담는다.

맘모스 산장 통나무 집 A, B, C, D 네 채 중에 메인 장소인 C 산장 Stongate에 행사를 위해 속속 모여들었다. A, B 산장은 길 하나 사이에 두고 마주 보고 있고 좀 더 위쪽에 위치한 C, D 산장으로 움직이려면 미주 문인의 차가 몇 번이나 왔다 갔다 하며 사람들을 실어 날라야 했다. 미주 문인들이 정성껏 준비한 한국 음식이 뷔페로 차려져 있고 한국 사람들만 있어 한국의 어느 깊은 산속에 와 있는 느낌이 들었다. 조금의 불편함도 없도록 하려는 마음 씀이 엄마의 그것과 같았다.

다음 날, 요세미티 국립공원으로 출발. 해발 3,000m가 넘는 요세미티 지역에서 가장 고도가 높은 산악도로 Tioga Pass Road를 달린다. 빙하가 녹아 만들어진 크고 작은 수많은 호수가 그림처럼 펼쳐지는 대자연의 파노라마를 감상한다. 요세미티 국립공원은 그 지형이 빙하와 침식으로 만들어진 절벽이기 때문에 바위, 폭포 등이 볼 만하였다.

산의 중턱쯤에 올라왔는지 산봉우리가 가까워보인다. 맘모스 레이크 일대 현지인들이 낚시 등 휴가를 즐기는 레이크 순환도로에서 잠시 쉬기로 한다. 준 레이크, 그랜트 레이크, 실버 레이크 등 여러 개의 호수가 설경을 이고 따뜻한 햇볕 아래 이국의 정취가 물씬 풍겨난다. 맑고 잔잔하여 돌을 던지면 쨍그랑 소리가 날 것 같은 호수가 눈이 시리게 맑다.

미주 문인들이 준비해 온 LA갈비와 김치 반찬으로 야외 식사를 한다. 며칠째 계속 먹는 갈비가 물리지도 않고 야외에서 먹으니 더 맛있다. 먹을 때마다 한국적인 음식에 감사함을 느끼며 남김없이 그릇을 싹 비운다.

모노 레이크로 출발. 버스는 비포장 길을 갈 수 없는 규정 때문에 먼지가 풀풀 나고 태양이 이글거리는 나대지 잿빛 길을 왕복 한 시간을 더 걸었다. 여행 내내 규정을 절대 엄수하여 웃돈을 준다 해도 요지부동인 운전기사가 믿음이 간다. 웃돈이 통과되고 그래서 사고도 나는 우리나라와 비교가 되었다. 어째서 우리와 다른가. 선진국이란 돈이 많다고 되는 것이 아니고 법과 질서가 잘 지켜지는 곳이다.

약 75만 년 전에 유출구가 없는 상태로 고여 만들어진 호수로 수분이 계속 증발하여 탄산칼슘 성분이 축적되어 굳으며 위로 자라서 형성된 투파라고 불리는 형성물이 장관이다. 태고적 신비의 비경이 펼쳐지는 해발 고도 1,944m에 위치한 서울의 1/3 크기의 바다 같은 모노 레이크. 구멍이 숭숭 뚫린 온갖 모양의 거대한 석회석 기둥이 소금 성의 나라에 온 것 같다. 손으로 만져보니 짠맛은 느껴지지 않는다. 기진해서 돌아오는 사람들에게 운전기사가 버스 짐 칸 문을 열고 서서 '더워서 힘들었죠.' 하며 얼음물에 담긴 시원한 물수건을 일일이 건네주는 모습에 한국인의 정이 느껴진다.

우리는 어떤 인연이기에 먼 이국에서 함께 만리장성을 쌓을까. 사람을 다시 알게 되는 몇 날 몇 밤의 여행 마지막 날 아침 산장 앞 낮은 언덕에 서 있는 한 마리 노루를 보았다. 그 아래로 자전거나 롤러를 타는 길이 있고 그 아래는 차가 다니는 길을 보며 안전함이란 편리함과 상통한다는 당연한 생각을 해 본다.

맘모스 레이크에서 트램을 타고 해발 300m가 넘는 맘모스 산에 오르려 했으나 시즌이 아니라서 탈 수 없어 많이 아쉬웠다. 운전기사를 설득하여 버스로 조금 높은 곳까지라도 가보려 했으나 역시 운전기사는 규정을 잘 지키는 미국 시민이었다.

로스엔젤레스 공항으로 향하는 하늘에 낮달이 떠 우리를 배웅한다. 황혼이 지려 하고 산그늘이 높아진다. 마지막 저녁 식사까지 한식당에서 알맞게 익은 열무김치까지 준비시킨 그들. 이국 여행의 어려움을 덜어주려 할 수 있는 최대한의 배려를 생각하는 동포의 정이 눈물겹다. 식당 앞에서 모두 둘러서서 눈가에 촉촉한 이슬이 맺히며 이별의 시간을 가졌다. "이번 만남이 집 한 채 사는 것만큼이나 흐뭇하고 기쁘다."는 김문희 선생님의 아름다운 마음. 미주 문인들도 같은 민족이라 한의 정서가 닮아 있다.

돌아올 때의 비행시간은 역풍으로 인해 갈 때보다 좀 더 긴 11시간 정도가 걸린다고 했는데 비행기의 흔들림도 없었고 아들이 챙겨준 목 베게 덕에 그동안 못 잔 잠을 비행기 안에서 푹

잤나 보다. 기내식 방송을 알리는 소리에 깨어보니 어느 새 태평양을 다 건너온 지점을 날고 있었다.

오사카 기행

아주 오래 전에 『쇼군(장군)』을 읽었다. 원숭이같이 못생긴 농민 출신의 '토요토미 히데요시'의 전설적인 활약상은 오래 머릿속에 남아 있었다. 오사카성 내부에 있다는 미로를 꼭 보고 싶었다.

'토요토미 히데요시'는 한국 사람에겐 재란의 원흉으로 기억되는 사람이지만 일본과의 이해관계를 떠나서 한 인간으로서의 삶을 생각해 볼 때 혼자 힘으로 험한 세상을 헤치고 나가 막부의 수장까지 지낸 영웅적 인물임은 인정하지 않을 수는 없다.

일본 오사카에서 열리는 원 페스티발 행사에 참여하는 3박 4일의 짧은 여행이었지만 누구나 그렇듯이 첫 외국 여행이었던 만큼 많은 설렘을 안고 출발했다. 오전 열한 시, 오사카 간사이 공항에 내리니 하늘은 흐려 있었고 비가 왔었는지 지면도 젖어 있었다. 대기하고 있던 버스를 타고 한 시간 반을 달려 '오사카 캐슬'호텔에 도착했다. 중간에 한 번도 쉬는 일 없이 달리는 것이 눈 돌리는 곳마다 걸쳐있는 고가도로를 이용해서 그런 것 같기도 했다. 정체감을 느끼지 않아 우리나라의 도로 사정과 비교되었다.

오티 및 저녁 만찬 시간에 원 코리아 페스티발에 참석한 재일 동포, 러시아 동포, 한국의 방문단인 동북아 평화 연대와 방송대放送大인 등 많은 사람들이 한자리에 모였다. 정갑수 원 코리아 회장의 인사말과 참석자들이 일일이 자기소개를 하였다. 소개가 끝나갈 때쯤에는 원 코리아가 '하나 되는 동아시아의 미래'를 위해 어떤 일을 해 왔는지 지금은 어느 시점에 와 있으며 앞으로 어떻게 발전해 나가야 하는지를 잘 알 수 있게 되었다.

원 코리아 행사의 목적은 재일 동포의 지위 확립과 조총련계 동포들과의 융합, 나아가 동아시아, 세계평화에까지 기여하고자 하는 '다문화 공동체 운동'의 일환이라고 볼 수 있었다. 뉴 커머(민주화 이후 자유롭게 일본에 와서 살게 된 한국인)와 올드 커머(식민지 시대 때부터 일본에 와서 살게 된 한국인)로 나눠지는 재일 동포들 삶의 현주소는 역사의 흔적으로서 한국에서의 관심과 지원이 절실한 것 같았다. 교토의 우토로 마을과 조선학교 방문, 귀무덤 참배 등의 일정도 '하나'가 되어 주기를 바라는 원 코리아 행사의 일환이었다.

　사실 우리 방송통신대 사람들은 원 코리아 행사도 행사지만 조남철 국문과 교수님과 함께 배를 타고 '만세전'의 주인공 '인화'의 발자취를 더듬어 볼 목적이 애초에 있었다. 일정이 변경되면서 비행기로 출발하는 바람에 할 수 없이 중간에 틈나는 대로 만세전을 끌러놓고 교수님의 즉석 강의를 듣는 것으로 만족해야 했다.

　부산의 롯데 호텔 객실과 구조가 같은 오사카 캐슬 8층 숙소에서 내려다보는 바깥의 첫 인상은 도심 한가운데임에도 호텔 가까운 데서부터 저 멀리 바라보이는 곳까지 울창한 숲이 참 많다는 것이었다. 마시는 공기와 풍경이 한국과 다르다는 느낌을 갖게 한다. 호텔 바로 옆으로 꽤 넓은 운하가 흐르고 있었다. 운하의 수면 위에 떠 있는 수초는 운하의 수질을 좋게 하는 역할을 한다고 한다. 공사 중인 곳도 많았는데 일반도로에서는 건축자재를 실어 나르는 차를 볼 수가 없었고 운하에는 많은 건축자재를 싣고 천천히 움직이고 있는 뗏목이 보였다.

　다음 날 아침, 호텔을 출발하여 몇 개의 횡단보도를 지나기도 하면서 30분 정도 걸으니 행사장인 태양광장에 다다랐다. 이른 아침의 공기가 산뜻하여 산책하듯 걷는 기분이 괜찮았다. 태양광장은 상당히 넓었고 멀리 오사카성의 천수각이 숲 위에 얹혀 있는 듯이 보였다.

　우리나라의 여러 축제 행사장에서 보는 것과 같은 비슷한 광경들이 벌어져 여기가 일본이 맞는지 잠깐 착각할 정도였다. 행사장 주변을 빙 둘러싸듯 늘어서 있는 먹을거리 장사들과 온갖 물건을 팔러 나온 사람들이 전을 벌리고 있었다. 희귀한 옛날 물건이나 중고 물건을 파는 곳은 우리나라의 '아나바다' 같은 느낌이었고 백 엔짜리부터 시작해 싼 값에 거래가 되고 있었다. 먹을거리는 엄청나게 비싸서 500리터 물 한 통에 한화로 몇천 원이나 하니 일본의 물가가 실감났다.

　자유 시간을 이용해 어제 잠깐 들렀던 오사카성에 다시 가기로 했다. 광장 주변도 온통 숲이었는데 광장을 벗어나 숲으로 난 길은 오사카성을 둘러싼 깊고 넓은 해자를 끼고 죽 이어져 있었고 호수 같은 느낌이 드는 해자를 바라보며 걷는 동안 행복의 나라로 가는 듯한 감상에 젖었다.

　입구에 세워져 있는 몇 개의 안내판이 '여기가 토요토미 히데요시의 성입니다.' 하듯 늘어선 모습이 햇빛 아래 지친 듯 보인다. 오사카성은 1583년에 '토요토미 히데요시'가 지었고 1615년에 불탄 것을 '도쿠가와 이에야스'가 재건하였다 한다. 제일 처음 보이는 건물이 시립 박물관이다. 거기엔 타임캡슐이 있다고 한다.

일요일이어선지 사람들로 붐볐는데 애완견을 데리고 다니는 일본 사람들이 많아서 좀 놀랐다. '타코야끼'라는 작고 둥근 풀빵을 사서 먹어 보았다. 호두과자만 한 풀빵 안에 콩알만큼 들어 있는 문어 조각이 우리나라의 팥이 들어간 붕어빵과 비슷했다.

한쪽에서 큰 소리가 나서 돌아보니 남자 한 사람이 기모노를 입고 단 위에 올라앉아 무릎을 꿇고 큰 소리로 감정을 잡아가며 이야기하는 모습이 보였다. 구한말 시대의 강담사라고나 할까. 그 앞에 죽 늘어서서 이야기를 듣고 있는 많은 사람들을 보니 내가 잠깐 타임머신을 타고 옛날로 돌아간 듯한 느낌이 들었다. 새로운 문화 충격이라고나 할까. 우리나라에도 많은 사람이 모여드는 관광지에 문화 해설사가 있는 것처럼 특정 장소에서 강담사나 강창사가 늘 활발히 활동하는 문화가 생겨나는 것도 좋겠다는 생각을 해 봤다.

성벽을 이루는 돌 하나하나는 어마어마하게 컸고 가장 큰 돌은 다다미 36장 크기라고 하니 그 규모가 어느 정도인지 짐작이 간다. 그만큼 성은 아주 견고해 보였다.

외세와의 전쟁보다는 내전으로 점철된 일본 전쟁사 기록이 성 안 곳곳에 활자로, 홀로그램 영상으로, 모형으로 잘 전시되어 있었다. 특히 전쟁 대치 상황 모형은 아주 정교하게 만들어져 있었는데 양쪽 편 모두 무사들의 허리에는 긴 칼과 짧은 칼을 한 개씩 차고 긴 창을 들고 돌진하는 사무라이 모습이 새로웠다. 출입금지 줄을 쳐 놓은 한쪽 구석의 빨간색 좁은 나무 계단이 미로로 가는 입구가 아닐까 하는 생각에 올라가 보고 싶은 충동이 일었지만 참았다.

천수각은 1931년에 철과 콘크리트로 재건하여 엘리베이터로 오르내리게 하였다 한다. 엘리베이터는 5층까지밖에 운행되지 않으며 화장실은 2층에 있다고 엘리베이터 걸이 웃음 띤 얼굴로 혼자 이야기하고 있었다. 5층에 내려서 6, 7, 8층을 구경하고 걸어서 1층으로 내려오며 관람하게 되어 있었다. 천수각은 보는 각도에 따라, 날씨에 따라 달라 보인다고 한다. 외벽은 하얀 회칠을 다시 한 듯이나 깨끗하였다. 8층에서 내려다보는 성 주변 역시 숲으로 둘러싸여 있었는데 때가 가을이라 단풍이 아주 곱게 물들어가고 있어 풍취를 더 하는 것 같았다.

어두워지려 해서 행사장으로 돌아가 보니 풍물놀이와 보컬들의 음악이 마지막을 장식하고 있었다. 컴컴해진 하늘 한쪽에 하얀 빛을 발하며 성의 천수각이 공중에 떠 있었다. 귀신의 집인 듯, 동화 속의 궁전인 듯, 달과 어우러져 하늘 광경을 신비롭게 만들고 있었다.

다음 날, 천수사와 코리아타운 구경에 나섰다. 일본은 시내에서도 신사를 흔하게 볼 수 있는 곳이라 어느 신사 주변이라도 숲이 있고 조경이 잘 되어 있었다. 버스를 기다리는 동안 정류소 부근의 어느 신사에 잠깐 들어가 보았다. 여느 신사에서 본 것처럼 허리만큼 오는 사각뿔 기둥이 입구에서부터 마당 한쪽 끝까지 죽 늘어서 있었다. 시멘트로 만든 기둥에는 금액과 이름이 적혀있는 것으로 보아 아마도 우리나라의 기와불사와 같은 것이라 생각되었다.

커다란 산의 절벽 한쪽에 기둥이 받쳐진 거대한 천수사 절에는 사람에 치어 걸음을 걷기 불편할 정도로 관광객이 많았다. 복잡한 정문 쪽을 피해 내려오던 한적한 뒷길에 천 엔이면 30분을 탈 수 있는 빨간 천을 씌운 인력거와 까만 옷을 입고 손님을 기다리고 서 있던 젊은 인력거꾼이 있었다. 인화가 타고 가던 조선의 인력거를 떠올리며 우리들은 만세전의 보따리를 다시 풀기 시작했다.

전통 민화 명장 인터뷰

　오미크론 확진자가 부산에만 1만 2천6백 명이 넘게 나왔다는 뉴스는 귓등으로 듣고 민화 명장을 만난다는 설렘이 더 커서 걸음을 재촉했다. 평소 고고한 높이에 있어 다가가기 어렵던 전통 민화에 대한 내 궁금증의 한 겹 휘장은 걷히리라는 기대에 차서 한껏 부풀어 있었다. 근처에 도착해 마중 나오신 선생님과 초면 인사를 나눴다. 자그마한 키에 고운 백발이 선생님의 호 여암如庵에 꼭 맞는다는 느낌이다.

　동방갤러리 1층에 들어가자 사방 벽을 다 둘러 아래 위 빈틈 없이 자리한 작품들이 범상치 않은 무게로 다가왔다. 1층은 사무실 겸 제자들을 가르치는 방이고 2층의 작업실은 작은 전시 회장을 방불케 하였는데 선생의 일생이 조용히 흐르고 있는 듯했다. 선생님은 전기난로를 켜시고 오래된 듯 보이는 책상 한쪽에 마주앉았다. 책상은 작업 중이던 작품들로 여백이 없을 정도였다. 여전히 쉬지 않는 장인의 작품 활동이 느껴졌다.

2019년에 명장 칭호 받으시고 재작년 2020년에 10번째 개인전을 여셨는데 코로나로 어수선한 분위기이긴 했지만 명장으로서의 개인전이라 감회가 특별했을 것 같다고 말문을 열었다. "2020년 6월, 남편 생일 기념으로 전시 준비를 다 했는데 코로나 때문에 취소가 되었지요. 그 후 남편 병세가 심화되어 가족들의 권유와 남편의 바람으로 서울 인사동 갤러리에서 12월에 전시회를 했었는데 명장전이나 후나 내 마음은 항상 본래 마음 그대로 변함이 없어요." 하신다.

선생은 40세에 그림을 다시 시작하셨다는데 40세에 등단한 박완서 선생님이 떠올랐다. 30여 년 넘게 한 길을 걸어오면서 후회는 없었을까. 모든 예술이 그렇지만 특히 민화는 시간도 많이 걸리고 여간 섬세한 작업이 아닌 것 같은데 어려운 전통 민화를 택한 이유도 궁금했다. 선생은 망설임 없이 한 번도 그림을 그리며 후회한 적이 없다고 하신다. 오히려 그림이 선생님을 살렸고 그림이 있어 살아낼 수 있었다는 말씀이다.

원래 한국화를 전공했는데 서예는 늘 병행했고 40세에 신라대에서 그림을 다시 그리면서 사군자를 시작했고 사군자에는 화제가 들어가니 한문도 같이 하면서 10년을 몰입해서 작품 세계에 빠져 살았다고 하신다. 50세부터는 한국화를 시작하면서 서예도 오래 심취하게 되었다고 한다. 그러다가 우연히 인사동 민화전시회를 갔었는데 아! 오방색! 이것이 한국화다! 하고 뇌리를 스치며 느낌이 선생의 품으로 들어왔다고 한다. 책도 보고 교수님을 조르고 스케치를 해서 보여주며 2년을 몰입했는데, 그 어느 때 그 어떤 공부보다도 그 2년이 선생에게는 혼신의 시간이었다고 하셨다. 밥 먹고 그림만 그린 시기였고, 그때 그 좋던 시력도 나빠졌지만 치료해가며 양가 어른들도 다 돌아가셨기 때문에 크게 신경 쓸 일이 없었고 그림에만 매진할 수 있었다고 하셨다. 선생의 작품이 워낙 폭이 넓고 다양해서 어느 하나만 선택할 순 없지만, 필자의 마음을 특히 끄는 작품은 힘 있게 펼쳐지는 '문자도'였다. 힘도 힘이지만 뜻을 담아내는, 혼을 담아내는, 끌림이 있는 글씨에 절로 고개가 끄덕여지고 선생의 열정에 숙연함까지 느껴졌다.

  선생의 열정은 거기서 끝나지 않았다. 통도사박물관 불화반에서 7년 동안 불화 공부를 하신 후 불화장 118호 이수자가 되시고 각 예술 단체 초대 작가 및 심사위원(5개 단체)을 하신 경력에 신라대 출강 경력이 더해진 선생님에게 명장의 칭호가 내리는 것은 지극히 당연한 일이라 생각된다. 그 어느 것도 그저 얻어지는 것은 세상에 존재하지 않는다는 것을 행동의 스승, 실천의 스승이 되는 선생의 열정을 보며 또 배우는 시간이었다.

  선생은 60세부터 민화를 그리기 시작했는데 올해로 17년째이고 20년이 채 안 되지만 민화의 초창기부터 함께해 왔고 2010년부터 민화 수업과 풍속화 수업을 하셨으니 선생님의 인생 중후반은 선생님과 그림이 하나였다고 봐도 무방할 것 같다.

  민화의 특성상 상상 속의 동물이 등장하는 그림이 많고 불화 또한 일반적이지 않은데 그림의 소재를 어디서 얻는지의 호기심도 충족시켜 주신다. 선생의 스승이신 석정스님이 제자들을 위해 '기본초'를 남겨주신 덕택에 기본에서 벗어나지 않는 규칙을 지키며 사용하신다고 하셨다.

  민화는 감상하는 방법이 특별히 있는지 여쭈었다. 민화는 다른 그림과 달리 이야기가 있으며 해학적이라고 하신다. 오방색은 그림마다 뜻이 있는 우리의 그림이라고 강조를 하신다. 손철주의 책 『그림, 보는 만큼 보인다』, 『그림, 아는 만큼 보인다』라는 책의 제목처럼 아무래도 스토리를 먼저 이해하고 감상해야 할 것 같다.

  민화 작품마다 밑에는 어떤 재료를 썼는지 표시되어 있다. 옻지, 순지, 먹, 아교는 알겠는데 민화의 문외한이 알 수 없는 몇몇 재료에 대해 상세히 알려주셨다. 분채, 봉채는 석채로서 돌가루이고 원래 인도에서 나오는 것이며 호분은 조개가루, 등황은 소나무 뿌리에 혹처럼 생긴 것으로 아주 고운 노란색이 나온 다고 한다. 가장 밑바탕에 아교를 칠하고 이 모든 재료들이 필요에 따라 덧칠해가며 명장의 손에서 드디어 명품이 탄생된다는 것을 알게 되었다.

'백수백복도' 6폭 병풍은 壽 자와 福 자와 꽃과 새와 사물이 한 치 흐트러짐 없이 촘촘한 색상의 조화가 눈길을 잡는다. 파란 잎이나 글에는 등황을 쓰고 몸체나 꽃에는 호분을 쓰며 한 땀 한 땀 두껍게 올라가 평면적이지 않다. 화려하면서도 묵직한 느낌과 귀함이 거기에서 오는 지도 모르겠다. 잔치나 제사에 두루 쓸 수 있으며 연세 드신 분의 방에 두면 참으로 복이 그대로 살포시 내려앉을 것 같다.

초등생 시절부터 아무데나 어디든지 그림을 그려 대서 야단도 많이 맞았는데 그때부터 타고난 기질이 드러나고 있었던 것 같다고, 미대에 가고 싶었으나 그 시절엔 그랬듯이 당연히 딸이 그림 그리는 것을 좋아하지 않았고 미대에 보내주지를 않았단다. 결혼하고 층층시하 삶이 그렇고 그런 중에 30대에 친정 엄마가 혈압으로 쓰러져 장녀인 선생님이 마지막까지 9년을 모셨다고 한다. 어찌 병이 안 날까. 십이지장 궤양을 심하게 앓아 우유만 마시고 사니 체중이 40킬로그램을 오갈 때 의사 진단이 신경성이니 취미생활을 하라고 권하기도 했고 고마운 남편의 진심어린 지지가 가슴 저 밑바닥에 열망으로 가라앉았던 것이 수면으로 올라오기 시작해서 '아! 그렇다면 내가 좋아하는 그림을 그려야겠다.' 하고 시작을 한 것이 지금에 이르렀다고 하신다. 선생님의 말씀을 들으니 타고난 예술의 끼는 숨길 수도 참을 수도 없는 것이며, 그 갈래도 자신과 맞는 작품 세계에 연의 끈이 닿아있는 듯싶다.

명장님을 대표할 수 있는 작품이 있다면 어떤 건지 궁금하다는 말에 선생은 필자를 작업실 이층의 가장 최근의 작품 불화 앞으로 이끄신다. 그 앞에 숙연히 서신 모습에서 선생의 대표작은 현재의 작품이 아니라는 생각이 문득 들었다. 왜냐하면, 선생은 작품 하나하나에 매번 혼신으로 완성하셨고, 늘 더 나은 새로움에 도전하는 정신으로 지금도 성장 중이라고 당신 스스로 생각하신다고 생각되었다. 그래서 선생의 최신작은 늘 명품이고, 늘 대표하는 작품이라 감히 말할 수 있겠다 생각되었다. 10폭이나 되는 대작 '기명절지도' 병풍도 함께 대표작으로 넣고 싶은 심기를 보이신다. 불화, 민화, 풍속도는 아무나 그릴 수 있는 것이 아니라 선택된 사람이 전생 인연이나 있어야 붓을 잡을 듯싶다. 민화는 너무 어려운 그림이라 주로 글을 기본으로 하는 사람이 시작하는 것이 더 좋다고 한다. '책걸이2', '책걸이4'나 '화병모란도'는 커피를 재료로 새로운 시도를 한 것이라는 설명에 부드러운 단색화의 절제미에 감탄사가 절로 나온다. 천 아트에도 제자들이 민화를 그리는 시도를 하고 있다며 제자들을 자랑스러워하시는 모습에서 후진 양성에도 온 정성을 다하시는 모습과 열정에 절로 존경심이 생겨났다.

늦게 시작한 만큼 대단한 열정으로 명장의 자리에 오르셨는데 본인의 의지가 가장 중요하겠지만 특별히 응원해 주시고 힘이 된 분이 계시냐는 물음에 "당연히 남편이다. 아내가 그림 그리는 일을 우선순위에 놓고 아무 걱정 없이 그림만 그릴 수 있도록 해 주었다. 자신도 그림을 좋아하기에 내가 그리는 그림에서 대리 만족을 느끼고 칭찬도 해주고 무거운 자재 같은 경우는 남편의 큰 도움을 받았다. 남편이 도와주지 않았다면 오늘의 나는 없었을 것이다." '부부가 오래 해로하는 복도 누리시고 화목하시니 표정에서 저렇게 편안함이 드러나시나 보다.' 하는 생각이 들었다.

명장으로서 우리 지역 문화 발전과 후진 양성에 대해 명장님의 특별한 계획이 궁금해서 여쭈었다. "옛날 코로나 전처럼 동 주민센터에서 재능기부를 하고 싶은데 시절이 이래서 아무것도 못 하는 상황이 이어지고 있다. 십몇 년 계속 제자들을 양성했는데 돌아보니 내 작품이라는 게 없더라. 개인적으로는 목요일은 불화반, 금요일은 서예반을 열 계획이고 앞으로는 초급반은 제자들에게 맡기고 뒤만 봐주며 지켜만 보고 있을 작정이다. 남편을 위해 기도하는 마음으로 금강경 사경을 시작했다."며 수북한 사경 종이를 보여 주신다.

　한국의 민화 명장은 12명이 채 안 되며 선생님은 부산의 제2호 명장이시다. 대한민국뿐 아니라 세계 어디에서도 선생님의 불화, 민화, 풍속화는 K-한류에 당당히 이름을 올릴 수 있다고 생각한다. 부산의 자랑이며 사상구의 큰 복인데 코로나로 발이 묶인 현실이 안타깝기 그지없다. 전통 민화에 대한 뿌옇던 머릿속 안개가 걷히고 무엇보다 필자는 지금 마음의 부자가 되어 행복하다. 진정 선생의 건강이 오래 지켜지고, 날마다 행복한 나날이 되시기를 바라며 선생님이 주신 도록을 소중히 품고 동방갤러리를 나왔다.

자작 시조

가시버시

선걸음에 후딱 댕겨 오마더니
그림자 하마 보일라나 손차양이 몇 번째
공연히 잡초한테로 힘이 가는 호미질

쪼맨한 밭떼기 오늘따라 굴질 않네
온다던 작달비 어데 가 내리는지
땡볕만 무심하게도 웃저고리 적신다

내 나이 돼 봐라

쉼 없이 지즐대는 텔레비전 군상들
세상에 뒤처질라 리모컨 잡는다
듣는 귀 아스라하니 시선 끝만 한 곳에

옆자리 비었는데 뉘한테 말하는고
풍성한 추억 음식 말씀으로 드시며
시장통 오가는 사람 시비 없는 말 건다

인연은 한 생각에 스치고 스러지고
머무는 한순간에 영혼에 길이 나는
작아진 그림자에서 새어나온 코웃음

두 어머니

백발의 노노케어 가는 귀 잡수시고
달팽이관 간간이 제대로 열릴 때
뱃심을 다해 말하고 귓등으로 듣는다

쿵퍼덕 떨어지는 보이는 소리에
죽으로 떡으로 살아나는 누렁 호박
한나절 동문서답이 잘 통하는 툇마루

한술 뜬 초저녁에 졸음이 찾아오니
머리맡 자리끼 그믐달 추임새에
어느 새 코 고는 소리 달팽이관 닫힌다

耳順에

생일날 직접 본 장 정성들여 차린 밥상
첫 쌈을 아내 입에 살뜰히 넣어주고
평생을 안 하던 그 말 살아줘서 고맙소

아이들 잘 키워낸 당신과 내생에도
또 함께 살고 싶다 속마음 드러내니
아내는 그저 웃는다 무디어진 耳順에

이심전심

노부부 소박한 점심 밥상 풍경
물 말은 밥에 풋고추 된장 찍어
얼굴도 반찬이라 마주보며 한 숟갈

청청한 소나무 시원한 그늘에서
조용히 오고가는 심중의 두어 마디
천천히 꼭꼭 씹으니 귓전에서 맴도네

할매

유모차 밀고 가는 백발의 할매들
대동한 빈 유모차 친구인 양 손 잡고
오늘도 급할 것 없는 느릿느릿 걸음마

앞서거니 뒤서거니 동네 마실에
며느리 발뒤꿈치 흠 없어도 탈이고
은근한 아들 자랑만 하늘가로 오른다

유모차 안에 든 애동호박 큰 거 하나
오늘도 당당하게 내 밥값 해 왔다고
할매들 에돌아가는 그림자가 가맣다

매창

부안의 어린 기생 촌은의 지조 꺾고
두 해의 원앙 천하 기품 있는 맞 시조
변산의 짧은 인연에 흩날렸던 이화우

나이 차 스물여덟 나에겐 숫자일 뿐
거문고 끌어안고 병이 된 십칠 년을
억지로 이별 한 님도 날 생각는가 아직도

달 밝은 매창이 뜸 여섯 줄 우는 소리
애달피 건너온 곳 사백 년을 말하네
여전히 시를 읊으며 님 그리워 떠돈다